コミュニケーション・レッスン

はじめてのパーソナル
コミュニケーション講座

宮田　穣 / 著

北樹出版

はじめに

　著者が大学で、コミュニケーション関係の科目を担当し10数年が経過した。担当した具体的な科目は、コミュニケーション論やコミュニケーション演習（ゼミナール）の他、広報論、広告論、マーケティング論、マス・コミュニケーション理論、ジャーナリズム論、マス・コミュニケーション史、地域メディア論、消費者論、NPO概論と多岐にわたる。

　もちろん、著者の専門であるコミュニケーション学は、いまだ明確なジャンルが確定していない。そのため、隣接学問を多く組み込みながら、幅広に担当してきた。改めて振り返ってみれば、よくこれだけお店を広げられたものだと、我ながら苦笑している。

　一方、研究テーマとして取り組んできたものを順に挙げていくと、企業広報論、企業の社会的責任論、行政広報論、ソーシャルメディア論、組織内コミュニケーション論、パーソナル・コミュニケーション論と、これまた多岐にわたる。著者の関心が研究とともにどんどん広がり、発展していった結果によるわけだが、それに加えてコミュニケーションという視点が、人間や社会のベーシックな部分に位置づけられるため、多くの学問と共有できる接点が少なからず存在しているからでもあると考えている。

　いずれにしても、著者が今まで大学で行ってきた教育や研究を通して、思索しながら試行錯誤してきた自分なりのコミュニケーション論を、そろそろ集約するタイミングに差しかかってきたと考えている。

　そこで、本書は「コミュニケーション・レッスン〜はじめてのパーソナル・コミュニケーション講座〜」と銘打ち、コミュニケーション全般を幅広に捉えつつ、パーソナル・コミュニケーションを軸に据えてまとめている。

　パーソナル・コミュニケーションを軸にしようと考えたのは、大学生など初学者がコミュニケーションを身近なものとして考えやすい視点だと思えたから

だ。最近の多くの大学生は、いくつかの SNS のアプリにどっぷりハマっているが、それと比較しながら対面の意味や手紙の考え方など、多様なコミュニケーションに視点を広げていくことは難しくないだろう。

　さらに、大学での半期のセメスターにあたる、期末試験を除く 14 回の講座をイメージし、第 1 講から第 14 講に分けた。そして、毎回の講座ごとに課題もつけてみた。さらに、視点を変え特別講義も追加した。大学生はもちろん、高校生でも十分理解できるよう、わかりやすさにもこだわりながら執筆した。だから、本書をテキストにして「コミュニケーション論」の講義を行うことも、もちろん可能だ。

　ともあれ、本書を通してさっそく紙上での講義を始めてみよう。

2022 年 12 月

著　　者

目　　次

序　章

LESSON1

コミュニケーションをイメージしてみよう

　最初に、これからこの講義を学んでいくウォーミングアップとして、コミュニケーションのイメージを膨らませておこう。なぜなら、コミュニケーションという言葉は日常生活の中で頻繁に使われているにもかかわらず、人それぞれ異なるイメージを描いていることがよくあるからだ。

　たとえば、コミュニケーションを「会話」のように、言葉のキャッチボールとして狭く捉える人もいる。一方で、「情報のやり取りに関わる全てのこと」と広くコミュニケーションを考える人もいる。どちらが正しいというわけではない。まず、多くの学び手が、コミュニケーションを共通のイメージとして捉えることで、言葉の理解のズレをできる限り小さくしておこうと思う。

誰もがコミュニケーションの中で生きている

　みなさんの身の回りには、どのようなコミュニケーションがあるだろうか。それぞれ頭の中で、思い描いてみてほしい。著者のイメージする大学生の場合は、以下のような感じだ。

　まず、目が覚めると家族と顔を合わせる。「おはよう」と挨拶する。無言で顔だけ合わせる人がいるかもしれない。どちらもコミュニケーションだ。一人暮らしの場合は、最初にテレビをつける。スマホを手に取る。いろいろである。テレビから朝のニュースが流れてくる。スマホで Instagram や Twitter の新しいコメントに目を通す。これもコミュニケーションである。

　朝食を済ませ、出かけるとする。大学、それとも日課の犬との散歩など、いろいろである。そして移動中、誰かに会って気軽に会話をする。また、ずっと

スマホを見ながら LINE でいろいろやり取りする。フォローしている Twitter のコメントをひたすら追う。相手が誰であれ、対面かスマホかを問わず、コミュニケーションが続く。

　大学に到着すると、同級生などさまざまな人に会う。そして、さまざまなコミュニケーションが飛び交う。授業中、昼休みなど、そのときどきで新たなコミュニケーションが行われる。

　そして、帰宅中も同様だ。アルバイトをしてから帰る場合だと、アルバイト先では職場仲間、顧客、その他関係者とのコミュニケーションが、いろいろと生まれる。

　移動中、目にする電車内広告や看板などの屋外広告もまたコミュニケーションである。広告はあえて意識して見ていくと、いつも無意識のうちに数多くの広告を目にしていたことに改めて気づくだろう。帰宅途中に寄るコンビニでも広告だらけだ。

　帰宅後、家族または 1 人で食事をする。会話をしながら、テレビを観ながら、人によってはスマホを見ながら食べているかもしれない。食後、部屋で寛ぎながら、またスマホを観ながら SNS をする。パソコンに向かい、オンライン授業の科目で今週の課題に取り組む人、久しぶりに文通相手に手紙を出そうと便箋を選び出す人、疲れたので漫画でも読みながら早めに寝ようと思う人など、いろいろだ。いずれも、それぞれの場で、質の異なる多様なコミュニケーションが次から次へと生まれてくる。

　みなさんが日頃、何気に行っているコミュニケーションのイメージを、勝手に描いてみたのだが、どうだろうか。人によっては、クラブ活動もやっているよとか、もっと寄り道をしてから帰るよとか、さらに複雑なコミュニケーションが生まれているかもしれない。

　とにかくみなさんに、まず伝えたかったことは、日々生活の中で自分自身が常にコミュニケーションと関わっていることだ。言い方を変えれば、誰もがコミュニケーションの中で生きている現実が見えてくる。

　また、コミュニケーションに関わる場面や、メディア、ツールが、さまざま

あることもわかる。順に見ていくと、対面、テレビ、スマホ、電車内や屋外広告、コンビニの店内広告、パソコン、手紙、漫画と、実に多様だ。とくに、大学生の多くは現在スマホの利用が中心になっているが、SNS アプリも LINE、Twitter、Instagram といろいろある。利用するメディアが、世代によっていろいろ異なっていることは、同世代ではコミュニケーションがとりやすい一方で、世代が異なると逆に、コミュニケーションが難しくなってしまうことも意味している。

いずれにしても、生きていればまるで呼吸をしているように、コミュニケーションがついて回ることになる。これはいったい、なぜだろうか。それぞれ考えてみよう。

それは、「人間は社会的動物だ」とか、「人間は社会的存在だ」とかいわれることがあるように、私たちの多くは社会の中でのさまざまな関係に縛られながら生きているからである。このことは、まぎれもない事実だ。家庭、学校、職場、そしてネット空間……と、場や関係はいろいろ広がっている。家庭1つとってみてもその場の様子はさまざまだが、自分は社会の中の誰か、誰かたちとの関係で成り立っている点は共通している。

ただ、先に「私たちの多くは」と書いた。多くに入らない人について、少しだけ考えてみよう。

たとえば、引きこもっている人や、一人暮らしでなかなか外出しない高齢者の場合はどうだろうか。終日ネットゲームばかりしていたり、テレビ漬けだったりしていても、メディアを通して情報を受け続けていることに変わりはない。また、ずっと1人で自問自答しながら悶々と過ごしていても、頭の中で自分と対話し続けているといえるだろう。つまり、仮にたった1人だけ取り残されたからといって、それでコミュニケーションが無くなってしまうわけではない。

朝起きて、家族と顔を合わせても挨拶すらしない場合も、そのこと自体がコミュニケーションとして成立していることになる。何もいわなくてもそれだけ

で、お互いの状況や気持ちを認識できるからだ。言葉を交わすことは、コミュニケーションとして選択されたほんの1つのやり方でしかない。

では、次にコミュニケーションと無関係なときについて考えてみよう。どんな場合や場面がイメージできるだろうか。

たとえば、寝ているときや意識を失っているとき、そして亡くなってしまったときは、コミュニケーションとは無関係である。コミュニケーション自体ができなくなってしまうからだ。寝ているときは夢を見ているかもしれないが、夢は意識してみるわけではない。目が覚めると、つい先ほどまで見ていた夢をよく覚えていなかったり、忘れてしまったりすることも多い。

つまり、コミュニケーションが成り立つ前提としては、当人の意識があり、考えることができる状態であればよいことになる。そう考えれば、日常生活のほとんどの時間で、コミュニケーションと関わりがあることは、とくに不思議でも何でもない。

コミュニケーションは得意か、苦手か

視点を変えてみよう。みなさんは、コミュニケーションは得意、それとも苦手だろうか。

現在一般に、コミュニケーションが苦手だという学生が少なくないといわれている。もう少し具体的に聞いてみると、「教員や世代が異なる相手と、対面でやり取りするのが苦手だ。」とか、「手紙は面倒だし、書き方もわからない。」とか、「テレビは自分の好きなスピードで観られないので、ほとんど観ていない。」「新聞や雑誌は読むのが疲れるし、カネがかかるから読まない。」などといった声がわりと聞かれる。だからといって、スマホでネットさえ利用していれば十分かといえば、「直接メールでやり取りすると緊張してしまう。」だから「メールはあまり見ていない。」という声も聞かれる。つまりは、ネットでもメールで直接やり取りすることは苦手で、気楽に自分本位に使えるSNS以外は、あまり活用されていないことがわかる。

　もちろん、SNS は気苦労の多いメディアでもある。次々と生まれてくる、新しいアプリの仕組みに適応していく苦労も多い。ただ、とくに大学生のコミュニケーション状況や得意、苦手の様子を見ていると、対面や手紙など古くからあるコミュニケーションへの経験不足や、手間暇のかかるメディアを敬遠しがちな姿勢、そして 1 対 1 での対話への苦手意識を感じることが多い。その結果、同世代の親しい相手を除けば、専らコミュニケーションは「SNS 一本足打法」になっている感じがしている。

　コミュニケーションへの苦手意識を考えることには、2 つの意味がある。

　1 つは、現在のようなメディアが多様化し、さまざまなコミュニケーションが成立する中で、どのメディアを選択するか。その考え方が、相手への向き合い方や関わり方につながっている点だ。そして、もう 1 つは、コミュニケーションに手間暇をかけることに、どのくらい意味を見出せるか。古くからのコミュニケーションには、それなりのトレーニングと定期的に利用する習慣が伴わないと上達しないものがある。このことは、そのメディアによるコミュニケーションが得意になる上では、避けて通れないハードルを意味している。

　かつて昭和時代では、「筆まめな人はコミュニケーションの達人」だとよく耳にした。手紙は、使い方次第で細やかな気遣いができたり、その人らしさをさりげなく表現できたりする。コミュニケーションの達人は、そのようなコミュニケーションを、日頃から楽しみながら嗜んでいた。

　もちろん、現在は活用できるメディアが、昭和の頃と比較にならないほど増えた。コミュニケーションの時代状況も、随分変わってしまった。そうだとすると、現代のコミュニケーションの達人とは、どのようなイメージが描けるだろうか。本書全体を通して、最後に考えていきたいテーマの 1 つだ。

本書の構成

　さて、ウォーミングアップは、そろそろできただろうか。

　次に本書の構成について、簡単に紹介していこうと思う。

　第1章では3回の講義に分け、総論として「コミュニケーションとは何か」を、全体像の中で考えていく。さらに時代の流れの中で、変わるものと変わらないものにも注目していきたい。

　まず、コミュニケーションの定義について、著者の考え方を詳しく説明する。本書全体で前提となる定義である。異論があるかもしれないが、この考え方を踏まえ講義を続けていきたい。

　次に、コミュニケーションの全体像を地図に擬えて描いてみたい。さまざまなコミュニケーションの関係を表現する方法はいろいろあるだろう。その中で、著者は地図がイメージしやすいと考えているからだ。

　そして、コミュニケーションと深く関わる多様なメディアや、コミュニケーションに伴う時間感覚の考え方について、その要点を説明する。私たちが、コミュニケーションの中で日々生きているとしたら、そこに流れる時間をどう捉えるかについて理解しておこう。そうすることで、それぞれのコミュニケーションの意味が考えやすくなる。その際、コミュニケーションの中で、時代を超えて変わらないものについても合わせて考えておきたい。

　第2章では、パーソナル・コミュニケーションについて、代表的な3つの視点から詳しく考えてみたい。マス・メディアやネットが関わるコミュニケーションに比べると、パーソナル・コミュニケーションは歴史が古く、時代とともに多様化が進んでいる。多様なメディアのそれぞれの時代イメージの中で、各視点の持つ意味を深めたいと考えている。

　最初は、対面でのコミュニケーションだ。「身体のメディア」と位置づけ、コミュニケーションの原点として持つ意味に注目し、考えていく。

　次は、手紙でのコミュニケーションだ。手紙を「モノのメディア」の象徴と位置づけ、それが生み出す関係性に注目しながら考えていく。

　最後の視点は、SNS（ソーシャル・ネットワーキング・サービス）である。ここでは、「情報のメディア」と位置づけ、ネット上で生み出されるつながりの意味を深く考えていきたい。

　さらに、前の３つの視点を通して、パーソナル・コミュニケーションとして共通する大切な点を整理しておく。いずれも、日々の生活の指針となる考え方につなげたいと考えている。

　第３章では、ガラリと切り口が変わる。現在のような多様なメディアが活用される時代の中で、いかにメディアを使い分けるかを、具体的なケースの中で考えてみたい。

　まず、「お礼」と「お詫び」を採り上げる。相手にとって正反対のケースだが、気持ちのこもった丁寧な使い分けが求められる点は同じだろう。それぞれ具体的な場面を想定し、考えてみたい。

　次は、「告知」と「告白」だ。相手に向かって告げられる点は同じだが、持つ意味では次元が異なる。異なる次元において、どのような使い分けが妥当かを考えてみたい。

　最後は、「対話」と「共有」である。相手とのやり取りが発生する点は同じだ。しかし、その内容や相手との関係は異なっている。ここでも、妥当な使い分けについて考えてみたい。

　第４章では、コミュニケーションの基本視点として、メディア特性をしっかりと見極めることで、どのような効果や意味の違いが生まれるかについて考えていく。

　まず、特性の大きく異なる「スローとファスト」、「浅さと深さ」、「便利さと心地よさ」について、比較しながら踏み込んでみたい。「スローとファスト」はコミュニケーションのスピードとの関わり、「浅さと深さ」はコミュニケーションの内容との関わり、そして「便利さと心地よさ」はコミュニケーションに期待する効用との関わりである。

　さらに、以上を踏まえながら、コミュニケーションにおける「等身大」という視点の持つ意味について、深く考察してみたい。このことは、メディアが多様化している現在、時代を超えて変わらないコミュニケーションの原則的な考

え方を、改めて示唆することにつながるだろう。

　終章では、パーソナル・コミュニケーションに限らず、コミュニケーション全体の大きな目的の１つとして、「信頼関係を築く」ことの大切さを強調したいと考えている。なぜなら、その目的は、いつの時代でもコミュニケーションに求められてきた、代表的な価値に他ならないからだ。

　そして、最後にネット社会である現代の「コミュニケーションの達人」についても、イメージを膨らませてみたいと考えている。

　さらに、特別講義として「心地よいコミュニケーションとは」をテーマに掲げ、パーソナル・コミュニケーションの考え方を踏まえ、論考をまとめている。パーソナル・コミュニケーションへの理解を深める参考にしてほしい。

　本書は、主に大学生がコミュニケーションに対して基本的な理解が得られ、視野を広げられ、関心を高められるものでありたいと願っている。そして、二次的な効用として、みなさんの日々のパーソナル・コミュニケーションに役立てられるヒントが１つでもあれば、著者にとって望外の喜びである。

---- 課題① ----

　あなたは、どちらかというとコミュニケーションは得意な方ですか。それとも苦手な方ですか。その理由とともに、200字以内で述べてください。

第 1 章

コミュニケーションとは何か

LESSON2

コミュニケーションの定義

　最初に、本書のベースとなるコミュニケーションの基本的な考え方を述べておきたい。

　従来、テーマや視点の置き方に応じて、コミュニケーションの定義には、さまざまなものが存在する。たとえば、ダンスとラーソンは、1950〜70年代のコミュニケーション関連の著作や論文から126にわたるコミュニケーションの定義をピックアップしている。それを以下のような4つの類型に、岡部（1993）は分類している。

① 相互作用過程説：コミュニケーションによる人間同士の相互作用に視点を置いたもの。

② 刺激－反応説：刺激－反応の繰り返しによるコミュニケーション手段に視点を置いたもの。

③ 意味付与説：メディアによる意味を相手に伝える過程に視点を置いたもの。

④ レトリック説：レトリックを構成する要素がコミュニケーションの構成要素だとする視点。

　それぞれの類型や定義の多義性は、学問領域やテーマ設定の違いに伴う視点の違いだと考えられる。いずれにしても、どのような視点から定義を行うかを明確にした上で、講義を進めていく必要がある。

　そこで、著者自身の定義を詳しく説明し、その背景となる考え方も補足しておこう。

　　コミュニケーションとは、相手との関係を築き、お互いを変えていく行為、
　仕掛けである。

　これが著者の定義だ。前の分類では①に入ると考えられるが、ポイントは2
つある。

　1つは、他者との関係にこだわる点だ。もう1つは、その関係者すべてがコ
ミュニケーションを通して変わっていく点である。

　また、この定義にはメディアや情報という言葉は出てこない。それは、どの
ようなメディアを使おうとも、文字通りそれらは「媒介物」にすぎないから
だ。メディアは、相手との関係に関わる手段でしかない。

　別の言い方をすれば、コミュニケーションにおいて、メディアは時代ととも
に多様化し、その位置づけが変化していく存在である。昭和30年代（1955〜
64年）であれば、個人的なやり取りに最も使われていたメディアは、手紙や対
面でのやり取りだった。それから半世紀あまりが過ぎた2020年代の現在は、
スマホでのSNSだろう。しかし、コミュニケーションが関係づくりのための
行為であること自体は、何ら変わっていない。まさに、コミュニケーションの
変わらなさに視点を置いた定義でもある。

　やり取りする情報についても、それがデジタルだろうがアナログだろうが、
あまり関係はない。その代わり、関係する情報のバリエーションはとても広
い。大昔の狼煙（のろし）のようなものから、手書きの文字やTwitterまでさ
まざまである。また、情報の内容、すなわちコンテンツには、時代とともに変
わるものと、変わらないものがある。言葉はもちろん変わりゆくものの代表
だ。たとえば、古文書は現代人から見たとき、予測がつくものと全く予測がつ
かないものがある。だから、言語学者や歴史学者などの専門家が必要とされ
る。

　一方、喜怒哀楽のような人間の感情に関わるものは、時代を経てもさほど変
わらない。親子の情愛や男女の恋愛感情、憎しみなどは、中世に生まれた能の
題目で演じられても、その感情は現代でも十分伝わってくる。他にも、昔話が

現代でも十分理解されているのは、時代を超えた変わらないメッセージが、物語の中に感情とともに込められているからだ。

　定義の2つ目のポイント、すなわち関係者すべてがコミュニケーションにより変わっていく意味についても、少し考えてみたい。

　たとえば、ある人が誰かに悩みを打ち明けたとする。LINE でも電話でも対面でも何でもいい。何がしかの反応やアドバイスが返ってくれば、その人は多少なりとも影響を受ける。アドバイスを送った人にとっては、その悩みを通して相談者への理解が深まる。どちらにとってもコミュニケーションによって変化が生まれている。逆に言えば、悩み相談といったコミュニケーションがなければ、どちらも以前と同じ状態のまま留まっていただろう。

　この定義は、影響力の有無によりコミュニケーションとして扱う範囲を定めている。現実には、その範囲外の場合でも情報のやり取りは見られる。たとえば、コミュニケーションを情報のキャッチボールだと捉えている人がいるとする。この考え方に立てば、ある人が何かを知りたいと思い、まず検索サイトに項目を入力し、何らかの回答が返ってくるとき、このような情報のやり取りも、コミュニケーションに含まれることになる。その人は回答を得ることで、少しだけ利口になったかもしれない。ただ、それだけのことだ。辞書で調べることと何ら変わりはない。検索サイトの部分が、AI ロボットであっても同じだろう。つまり、コミュニケーションは、お互いに変化をもたらすことで、関係もまた更新されていく行為なのだ。どちらかだけの独りよがりの行為ではない。コミュニケーションはどこまで行っても、人間同士が影響を与え合う行為なのである。

　このようにコミュニケーションを捉えたとき、変化すること、つまりお互い影響を与え合うことに、コミュニケーションの持つ重み、手応えを感じることができる。そして、コミュニケーションによる影響の度合いが効果として示され、効果をどのように高めていけるかが、コミュニケーションの工夫であり、価値になる。

　だから、著者の定義に立てば、コミュニケーションにより互いに影響を受け

合いながら変化し、その結果として新たな関係が成立していく。その都度成立する関係もまた、変化し続けると考えることができる。このことは、親子関係をイメージすればわかりやすいだろう。子どもの成長とともに、親の影響力は変わっていく。同時に、親子関係もまた良くも悪くもなり、都度更新されていく。

　著者の定義の背景には、コミュニケーションの持つ大きな目的が存在している。それは、コミュニケーションにより信頼関係を築くことである。この点については、終章で詳しく述べる。

　ともあれ、個人を中心に家族や学校、職場、地域、社会といったさまざまな規模の組織が、社会には無数に存在している。それらの組織は規模の大小にかかわらず、コミュニケーションにより組織の内外において信頼関係が築かれることで、その組織はより良くなり、その構成員それぞれが幸福になっていく。逆にいえば、信頼関係につながらないコミュニケーションがどんなに繰り返されても、誤解やギャップ、対立が生まれ、強化されるだけで、社会はまとまりに欠けるだろう。近年のフェイクニュースがもたらす、社会の分断状況を見ているとよくわかる。

　つまり、この定義に込めた著者の思いは、コミュニケーションが単に何かの役に立つ機能に留まらず、最終的には信頼と幸福をもたらすものとして存在している、または存在してほしいという願いに基づいている。定義には、その作り手の思いを表現したものであることも、合わせて伝えておきたいと思う。

課題②

　あなたが、コミュニケーションによって大きな影響を受けたといえる体験について、200字以内で詳しく紹介してください。

LESSON3

コミュニケーション・マップ

　次は、コミュニケーションの全体像をいかに捉えるかについて考えてみたい。

　まず、全体像に含まれるコミュニケーションにはどのようなものがあるかイメージしてみよう。

　順に挙げていくと、新聞、雑誌、ラジオ、テレビといった「マスコミ4媒体」が関わるマス・コミュニケーションである。ここに含まれるメディアでは、他には映画がある。いずれも19世紀から20世紀にかけて誕生した、不特定多数の大衆を対象にしたメディアだ。

　ところで、20世紀末に一般に広く利用されるようになったインターネットは、マス・コミュニケーションに含まれないのだろうか。学生からよく聞かれる質問だ。みなさんは、どう考えるだろうか。

　インターネットで情報がやり取りされる対象はさまざまである。新聞社のサイトのように、ある部分は不特定多数を対象にしている。一方、メールのように、ある部分は個人同士のやり取りに留まる場合もある。つまり、インターネットはマス・コミュニケーションからパーソナル・コミュニケーションまで、さまざまな規模の対象に関わるメディアなのだ。だから、その質問に対する答えはYESであり、NOだともいえる。

　パーソナル・コミュニケーションの場合はどうだろうか。ネット・メディアを除けば、電話、ファックス、手紙、メモ、そして対面など、これまた多様である。そして、ほとんどマス・メディア以前から存在したものだが、1対1、または少人数を対象にしたイメージが浮かぶ。会議やイベントとなると、規模はもう少し大きくなる。ただ、いずれにしても受け手は特定の対象であり、こ

の場合もパーソナル・コミュニケーションに含まれる。

　では、ネット・メディアの場合はどうだろうか。メールやブログ、SNS などは、パーソナル・コミュニケーションに該当するが、Twitter など対象が不特定多数に広がるものは除外される。なお、ネット・メディアは、新しいアプリがこれからも出てくるだろう。あくまで、2020 年代時点での状況である。

　以上のように、コミュニケーションに関わるメディアをいろいろ挙げてみた。次に、それぞれのメディアの質に目を向けてみよう。

　メディアの質の捉え方としては、メディア特性をいくつかの視点から整理してみるとわかりやすい。一般的に、その視点はメディア・リッチネス（Media Richness）という考え方、すなわちそれぞれのメディアが本来持っている「潜在的な伝達力」から説明されることが多い。

　大きく分けると、その視点は 3 つある。①迅速なフィードバックの入手可能性、②多様な手がかりを同時に運ぶ力、③特定の個人にどの程度焦点をあてているかだ。それぞれ補足していこう。

　①については、相手からの反応（フィードバック）がどの程度迅速に得られやすいかで、質を捉えようとするものだ。面と向かった相手とのやり取りであれば、反応は最も早く、瞬時にわかる。LINE などネットでのやり取りの場合も、比較的早いだろう。しかし、手紙だと一定の時間がかかる。ときには、返事すら来ないかもしれない。つまり、メディアを選択した時点で、おおよその反応スピードは予測できる。

　②については、そのメディアが相手のことを、どの程度知る手がかりを伴っているかである。また、相手に関する多様な情報をどのくらい示すことができるかである。対面であれば、やり取りする言葉だけでなく、表情やしぐさなど手がかりは無数に存在する。一方、Twitter でのコメントは、次々と流れ出てくるが、示される手がかりは限られている。手紙の場合は、文面の内容以外でも筆跡や、封筒や切手など、多様な手がかりが見つけられる。ただ、多様な手がかりについては、そのメディアを送り手が意識的に最大限活用した場合の可能性にすぎない。いくら対面であっても、沈黙がひたすら続く場合の手がかり

は限られている。

　③については、少しわかりにくいかもしれない。明確な相手を想定したものか、その他大勢を意識したものかの違いだ。たとえば、電話の場合だと、既知の相手であれば、相手に合わせたやり取りができる。一方、ラジオ放送の場合だと、リスナーの属性はある程度想定できるものの、パーソナリティーは不特定多数の相手に向かって話すことになる。特定の相手を意識した内容なりメッセージなりが、どの程度含まれているかでメディアの質を捉える考え方なのだ。良く知っている相手であるほど、伝わりやすいのである。これも①と同様、相手を意識したメディアを選択した時点で、ほぼ質が決まる。

　以上のようなメディアの多様性とメディア特性を踏まえながら、コミュニケーションの全体像を描いてみよう。

　全体像は、2つの軸によりできあがる地図（マップ）としてイメージすると、考えやすい。緯度にあたるタテ軸は、コミュニケーション対象の数の多さだ。より多くの対象に届くリーチ（Reach）と考えることができる。パーソナル・メディアからマス・メディアに行くにしたがって、リーチは幅広くなっていく。そして、経度にあたるヨコ軸は、コミュニケーションの質である。手がかりの多様さや反応の速さなど、リッチネス（Richness）つまり情報の豊かさと考えることができる。こちらの方は、マス・メディアからパーソナル・メディアに行くにしたがって、リッチネスが高まっていく。リーチとリッチネスは、方向が全く異なっていることがわかる。

　以上に基づき、コミュニケーション・マップを描くと、図1のようなイメージになる。

　このコミュニケーション・マップは一見シンプルだが、意外に奥が深い。読み解くことのできる特徴的な点を、3つ挙げておこう。

　①インターネットが一般に利用される以前の1980年代までは、マス・メディアとパーソナル・メディアの2つしか存在しておらず、それらが明確に分かれ、役割分担ができていた。そのため、メディア利用にはあまり迷わなかった。多くの人は、マスコミ4媒体から時事など社会的な情報を入手した。その

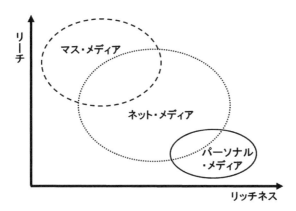

図1　コミュニケーション・マップ

一方で、パーソナル・メディアを通して特定の相手と、日常的なコミュニケーションを行っていた。だから、2つの輪の重なりはなかった。

　②日本でインターネットが一般に利用され始めた1990年代中頃以降は、マス・メディアとパーソナル・メディアのどちらにもインターネットと重なりができた。そのため、利用するメディアとしてネットとそれぞれのメディアとを選択することが可能となった。また、ネットとそれぞれのメディアを連携させて、影響力をより高めようとする工夫もできるようになった。

　たとえば、あるイベントでの様子が会場にいた人たちだけでなく、ネットを通じてその何倍もの多くの人たちにも届けられるようになった。その一方で、電話で直接意志を伝えなければならないときに、直接話すことが苦手だからといってメールで簡単に済ませ、相手に十分気持ちが伝わらなかったことも起きた。

　③現代は、インターネットが登場したことで幅広いエリアがカバーできるようになったとはいえ、タテ軸、ヨコ軸ともにすべてをカバーできる、オールマイティ（万能）のメディアは、存在しないことがわかる。つまり、どのようなときも相手や目的に合わせ、メディアを選択したり、組み合わせたりしなが

ら、最適なコミュニケーションを選択し、行う必要がある。それができない
と、コミュニケーションをしたつもりでも意外と相手に伝わっていないコミュ
ニケーション・ギャップが生じる。それは現代が、メディアが多様化している
ことの証しでもある。

　ともあれ、コミュニケーション・マップを眺めていると、インターネットの
登場がコミュニケーション全体に及ぼした影響が、いかに大きかったかが改め
てわかる。

課題③

　コミュニケーション・マップの視点から、メールでコミュニケーションする
ときの情報の質について、200字以内で詳しく説明してください。ただし、添
付ファイルはないものとします。

LESSON4

多様なメディアと時間感覚

　多様なメディアのあらましについては、Lesson3 の最初で簡単に触れた。ここでは、メディアの利用とそれに伴う時間の関わりや意味について、大切なポイントをまとめておきたい。

　メディア・リッチネスの考え方によれば、時間に関しては「迅速なフィードバックの入手可能性」がコミュニケーションの質に大きく関わっている。そこで、まずフィードバックに必要な時間をメディアごとに押さえておこう。

　マス・メディアでは、新聞、テレビなど、基本的に一方向にしか情報が流れない。フィードバックは、窓口への電話などのパーソナル・メディアを通して都度届けられるが、限られた数でしかない。

　ネット・メディアでは、サイト、ブログ、メール、SNS などさまざまなコミュニケーションの仕組みがある。フィードバックは、メール、SNS により「リアルタイム～短時間」で届けられる。ただし、反応はスピーディだが、伝えられる内容は限られている。

　パーソナル・メディアの場合は、フィードバックにはいろいろある。対面ではリアルタイムで、多様な反応が期待できる。電話もリアルタイムだが音声のみである。FAX では、比較的短時間での返信が期待できるが、相手次第だ。手紙の場合は、通常郵送に「翌日～2、3日」かかるため、返信には数日待つ必要がある。

　以上を踏まえると、反応の迅速さでは、順に「対面＞電話＞ SNS ＞メール＞ FAX ＞手紙」となる。ただし、これは反応スピードに限ったことであり、相手が求めている反応にそれだけで十分かなっているかどうかは別だ。

　次に、反応スピード以外の点について考えてみたい。

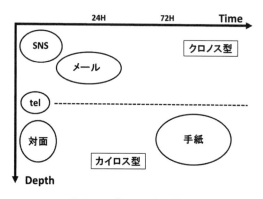

図2　メディアの時間感覚

　上の図は、コンテンツで伝えられる内容の深さ（Depth）について、タテ軸で表現したものだ。それぞれのメディアの深さは、著者の主観による想定だが、深いと思われる順から並べると、「対面＞手紙＞電話＞メール＞SNS」となる。

　反応スピードの順と合わせて見てみると、対面がどちらの点でも強みとして位置づけられる。一方、SNSの場合は内容の深さはないが、反応スピードの速さが示されており、それがメディア特性になっていることが改めてわかる。このことは、それ以外のメディアも含めて、何を重視するかでメディア選択や組み合わせが異なることを示している。だから、SNSは便利だとはいえ、活用できるコミュニケーションは限られているのだ。

　一方、時間感覚との関係から考えを進めていくと、反応スピードの速さとは別の視点である、クロノスとカイロスという時間の捉え方がわかりやすい。クロノスとは、時計の針が規則正しく進んでいくように、客観的な時間の経過から時間を捉えるものだ。ものごとの段取りや、仕事の効率性などは、この時間の考え方が基礎になっていることがわかる。それに対し、カイロスは「絶好の機会」といった、時のタイミングを意味している。この場合は、クロノスとしての時間が多少かかっても、受け止めるタイミングがちょうど良ければよい。

言い方を変えれば、早すぎても遅すぎてもダメなのだ。たとえば、年賀状は元旦から三が日までに受け取ることに意味がある。だから、少し早めの年末に届いたからといって嬉しくはない。

　つまり、コミュニケーションのやり取りにクロノスとしての意味が強く作用するメディアと、カイロスとしての意味が強く作用するメディアとに分けられる。メディア特性を考えると、「クロノス型」はSNSやメールなどであり、「カイロス型」は手紙などだと位置づけられる。対面や電話の場合は、どちらのタイプになるかはケースバイケースだろう。

　さらに、時間の満足度から具体的に考えてみよう。

　まず、「クロノス型」の代表として、LINEを採り上げてみたい。現在、LINEは広く友人や家族との間で利用されている。ちょっとした連絡や心の中でふと思ったことを、気軽にやり取りできる。相手からの反応を見るとき、すぐに返事が来るととても心地よい。相手と常につながっている気がする。一方、いつまでたっても既読がつかない「既読スルー」状態が続くと、不安や疑念が湧いてくる。たまたま相手が、スマホをどこかに置き忘れたのかもしれない。それとも、わざと答えないのかもしれない。しかし、相手の状況がわからないため、待つ側の想像力や相手との信頼関係次第で、待つことが苦痛になったり、気にならなかったりする。だから、自分の都合に合わせ、サクサクとやり取りできると満足度が高まる。反応がリアルタイムで来たとしても、困ることはないだろう。

　一方、「カイロス型」の代表として、手紙を採り上げてみよう。現在、私信としての手紙は、一般にはあまり使われていない。年賀状は、毎年利用者が減少しているという。ただ、文通利用者は一定数おり、近年漸増している。文通の場合は、月に1、2度相手から手紙が届けられるケースが一般的だろう。絵手紙のように、毎日送り合うような例外もあるが、多くは週単位、月単位で手紙が届けられる。待っている間は、ひたすら待ち続けているかというと、必ずしもそうではない。日々の生活の中で、ときどき相手のことを思い浮かべながら、次の手紙で書いてみたいネタを探している。つまり、手紙というメディア

をやり取りするスパンは長いが、手紙が届かないときも相手とゆるやかに心の中でつながっている。だから、手紙が届いたときの嬉しさは、とても大きなものになる。たとえていえば、激しい運動をしてすっかり空腹になったときに食べるご飯のおいしさのようなものだ。だから、同じ食事でもいつもの決められた時間に食べたときよりも、空腹のときの食事の満足度はとても高い。

　以上のように、コミュニケーションの満足度は、時間のタイプによって異なっている。やり取りの速さやメディアの便利さだけで、コミュニケーションの満足度を測ることはできない。そして、このようなメディアの時間感覚は、これから次々とインターネットの新しいメディアが登場してきたとしても、時代を超えて変わらないだろう。

　そして、現代はクロノス型のコミュニケーションに縛られることが多く、カイロス型のコミュニケーションを味わう機会が限られている。それぞれの価値を十分理解し、生活の中でうまくバランスを取っていきたいものだ。

課題④

　あなたが「カイロス」を実感したことのあるコミュニケーションには、どのようなものがありますか。その状況について、200字以内で詳しく述べてください。

第 2 章

パーソナル・コミュニケーションの世界

LESSON5

身体のメディア〜対面という原点

前回までは、コミュニケーション全般について、いろいろ考えてきた。今回からは、コミュニケーションの範囲を絞り、さらに踏み込んで考えを深めていこう。

対面コミュニケーションとは

まず、コミュニケーションの基本中の基本である、対面コミュニケーションを採り上げたい。

対面コミュニケーションは、どのコミュニケーションよりも長い歴史を持っている。人間が言葉で意思疎通があまりできなかった頃から、コミュニケーションを取りながら狩猟や漁労を行っていたと考えられる。では、そのときのコミュニケーションは、どのようなイメージになるだろうか。それぞれ考えてみてほしい。

おそらく、身振り手振りが基本だろう。たとえば、お互いの言葉が十分通じない外国人と、日常的なやり取りをする場面を想定するとわかりやすい。手でOKのカタチを表現したり、何かを飲む真似をしたり、ボディ・ランゲージを少し工夫することで、ある程度の意思は伝えられる。その中でも、顔の表情は重要だ。なぜなら、感情表現である喜怒哀楽が表現できるからだ。

少し発展させて考えてみたい。ボディ・ランゲージを軸に据え、並行して言葉でもやり取りした場合、両方が一致して初めて意思が明確に伝えられる。ちょうど、話し合いで一応合意していても、目が笑っていなかったり、逆に恋人同士で言葉では「嫌だ」といいつつも、実はそう思っていなかったりと、結

構現実は複雑である。たとえば、アメリカのFBI捜査官は、尋問のとき相手の言葉以上に、相手のしぐさや態度を注意深く観察しているそうだ。そして、言葉としぐさに矛盾を見つけると、そこにどんどん追究の矛先が向けられていく。つまり、言葉以上に身体は雄弁に語っているのだ。

　また、対面コミュニケーションは、同じ場を共有しリアルタイムで行われる。つまり、目の前でコミュニケーションが行われるのであり、その場から逃れることはなかなか難しい。そして、当事者と相手との間でやり取りする中で生まれる雰囲気に取り込まれてしまう。質問に対しては、すぐに応答が求められる。その際相手は、言葉による回答だけでなく、表情やしぐさなど身体が発するサインもすべて観察できる。ちょうど、面接試験の場面をイメージするとわかりやすい。相手やその場の状況次第だが、対面の場合、答える側はかなりプレッシャーを感じてしまうこともありうるのだ。

　以上の考え方を踏まえ、対面コミュニケーションを定義すると、次のようになる。

　　　対面コミュニケーションとは、リアルタイムで場を共有し、面と向かって行われる行為だ。そこでは、言葉だけでなく身体もメディアとなるコミュニケーションである。

　少し説明が長い印象はあるが、必要な要素はほぼ含まれているだろう。普段何気なく行っている対面コミュニケーションも、改めて捉え直してみるとその特徴が明確になってくる。そして、長い歴史がある分、世代を超えて誰もがそれなりにできるコミュニケーションなのだ。

対面コミュニケーションの意味

　次に、対面コミュニケーションの特徴と、それに伴う意味について考えてみよう。

　1つは、リッチネスが高い。あらゆるコミュニケーションの中で、最も高い

リッチネスが認められるのが、対面コミュニケーションだ。

　先に述べたように、ノンバーバル（非言語）の部分が充実しており、その場でさまざまに活用できる。具体的には、身振り手振りといったボディ・ランゲージの他、顔の表情やしぐさであったり、直接相手に触れたりすることで、相手の五感を通して何かを伝えることもできる。

　バーバルの部分、つまり言葉についても充実している。声により音声で伝えるだけでなく、相手に何かを見てもらいながら話すこともできる。リアルタイムで場を共有しているので、訂正もすぐに行える。そのため、誤解は少なくなる。

　もう1つは、コミュニケーションの原点と捉えることができる。既に述べたが、歴史が最も古く誰もが使えるコミュニケーションである。この点は、思っている以上に大きな意味がある。なぜなら、人によって対面コミュニケーションの得意、不得意の違いはあるだろうが、全く使えない人はいない。さらに、多様な情報が使えることで、微妙な表現やその人らしさを発揮した独特な表現もできる。相手を間近で見ながら、その場でできるコミュニケーションならではの特徴だといえる。

メリットとデメリット

　さらに、対面コミュニケーションの特徴を踏まえたメリットとデメリットも整理しておこう。

　メリットでは、相手の反応を見ながら丁寧な対話が行えることが最も大きい。さまざまな相談や交渉、議論など、深いコミュニケーションができる。たとえば、就職活動で最終面接が対面になることが多いのは、そのためである。また、ゼミナールで踏み込んだ議論を行うには、対面でないとなかなかやりづらい。最近では、ZOOM を使いオンラインでゼミを行うことも増えた。しかし、その場の雰囲気が感じられにくく、反応するタイミングも難しい。そのような状況では、踏み込んだ議論を展開するやりにくさを感じてしまう。

　他には、「自分らしさ」が最も表現しやすい。本人が目の前で、さまざまなやり方で表現できるのだから当然だろう。本人が、言葉と身体全体を使って丁寧に何かを伝えようとするのだから、真意は伝わりやすい。相手への姿勢も十分伝わる。とくに、喜怒哀楽といった感情を豊かに表現するには、対面が最もふさわしい。その代わり、「見せかけ」や「ごまかし」は効きづらくなる。本音と異なる中途半端な振る舞いには、違和感がすぐに出てしまう。

　さらに、踏み込んだコミュニケーションは、相手への深い理解につながり、信頼関係を築きやすいことだ。遠い昔より会食を共にしながら歓談することで、お互いの親しみや関係は急速に深まると考えられてきた。友達同士の食事会から国家レベルの来賓との会食まで、食事内容は大きく異なっていてもコミュニケーションの質には大差がない。逆にいえば、いくらやり取りを繰り返しても、対面でコミュニケーションを1度もしたことのない相手とは、なかなか信頼関係が築けないものだ。

　では、デメリットについてはどうだろうか。

　まず、同じ場でリアルタイムに行われることは、対話に時間がかかり、その場に拘束されてしまうことを意味している。相手の言い分は、最後までしっかり聞いた上でさまざまな情報も加え、総合的に判断する必要がある。真意が詳しく理解できる分だけ、手間暇がかかってしまう。だから、簡単な確認程度であれば、対面である必要はない。ちょっとした報告程度の対面による儀礼的な会議は、情報の共有以上に徒労感も生じてしまう。つまり、あえて対面コミュニケーションにするのに相応しい内容かどうかが、関係者間で問われるからである。

　また、対面コミュニケーションには慣れが必要であり、トレーニングも求められる。誰もがある程度できるからといって、それで十分というわけではない。たとえば、面接に苦手意識が強い大学生が多いのは、面接経験が不足しているからだ。そのため、面接ではどう振る舞えばよいかがわからず、不安ばかりが募りがちである。そして、すぐ緊張してしまう。事前に模擬面接を体験しておくだけでも、随分不安の程度は違うだろう。一般的に対面コミュニケー

ションは、経験やトレーニングにより慣れておけば、思ったほど大変ではないことが理解できる。

　さらに、面と向かってだと、逆に本音が出しづらい場合もある。たとえば、会社で職場の不満を調査するとき、面接だと面接者への気遣いや不満を口にしづらい雰囲気があり、なかなか本音が出せないものだ。しかし、匿名でのアンケート調査であれば、調査者のことをあまり意識せずに不満が出しやすい。このように、場合によっては、対面コミュニケーションのような高いリッチネスをあえて下げた方が、求められるコミュニケーションの目的にかなうこともある。

　以上のように、対面コミュニケーションは、さまざまな工夫ができる分だけ、扱いが難しくなる場合がある。この点も、しっかり頭に置いておきたいものだ。

課題⑤

　あなたが、対面コミュニケーションで、とくに苦手と感じる部分について、200字以内で詳しく述べてください。

LESSON6

モノのメディア〜手紙の距離感

モノを活用したコミュニケーションは、古くからいろいろ存在してきた。狼煙や壁画、立て札、写本など素朴なものから、印刷物やモールス信号などマス・メディアの基礎になっているものまでいろいろある。その中で、手紙は古代より時代を超えて長く活用され、発展してきたメディアだ。そして、シンプルな形態でありながら、詳しく踏み込んだ内容までコミュニケーションできる、知恵の結晶のようなメディアでもある。

手紙コミュニケーションとは

手紙の最も大きな特徴は、その場にいない相手に向けて行われるコミュニケーションだという点だ。その意味を少し考えてみよう。

相手のことを送り手は知っているが、相手はその場にいない。相手はいずれ手紙を読むだろうが、それがいつになるのかはっきりしていない。つまり、その場にいないことは、そのまま相手が読むまでの時間差となって現れる。そのことは、いつ読んでもらえるかがわからないことを前提にしながら、それでも送り手の意図や意思がしっかりと伝わるための工夫につながっていく。

その工夫は、さまざまな表現の仕方だったり、誤解がないようとことん説明にこだわった内容だったり、いろいろ考えられる。表現の工夫では、本文以外にイラストが補足されたり、付属物として封筒や便箋、切手、シールなどにメッセージを込めたものが使われたり、また同封物として、写真や相手が好きそうなちょっとした小物が入れられたりすることが多い。これらは、ちょうど対面コミュニケーションのノンバーバルな部分にあたるだろう。

　そして、やり取りに時間がかかり、お互い読むタイミングも必然的にずれる。そのことは、お互いしっかりと考えられた文面により、コミュニケーションが行われることにつながっていく。だから、時間がかかることは反応の速さからいえば、一見マイナスに思えてしまう。一方、考え抜いた内容をやり取りできる点では内容の濃さにつながり、即時性のマイナスを十分上回るだけの価値が生まれてくる。

　以上の考え方を踏まえ、手紙コミュニケーションを定義すると、次のようになる。

　　　手紙コミュニケーションとは、その場にいない相手に向けて、しっかりと考え、表現の工夫を凝らし、丁寧に作成されたモノに思いを託し、時間をかけて行われるコミュニケーションである。

　これもまた、少し長めの定義になってしまったが、意図は十分伝わるだろう。手紙の場合は、メディアとしてのモノに目が行きがちだが、やり取りする時間にも大きな意味が隠されているところに注目しておこう。

手紙コミュニケーションの意味

　以上述べてきた手紙の特徴を、もう少し発展させておきたい。

　まず、その場にいない見えない相手とコミュニケーションを行うことに、次の3つの意味が関わっている。

　①　心の会話

　手紙には、心の中で考えイメージしたものが、文字やさまざまな表現により相手に示される。一方、受け手は表現されたモノから、相手の心の中で考えられた意図や意思を読み取り、理解した上で必要に応じて返事をする。

　このように、お互いの心の中からさらけ出された思いがモノに投影され、それを通してコミュニケーションが行われ、お互いの理解が深まっていく。そこには相手の外見に影響されない、純粋なやり取りが存在する。だから、性別や

世代を超えてやり取りすることが、さほど難しくなくなる。この点は、コミュ
ニケーションする相手の幅を大きく押し広げるだろう。

②　分身化

　既に何度か述べているように、手紙とはモノにさまざまな思いが託されたコ
ミュニケーションである。それは、自分の思いを手紙という形に、改めて表現
し直されたともいえる。つまり、生身の自分を対面コミュニケーションではそ
のままさらけ出すが、手紙の場合は一旦その形式に合わせ、自分を翻訳し直し
た形になっている。つまり、意識的か無意識的かを問わず、送り手は分身化を
行っていることになる。手紙を見ていると、そこから相手が浮き上がってくる
イメージがするとよくいわれる。それは、手紙が相手の外見ではなく、相手の
心の中の思いを純粋に引き写した形だと受け止められるからだ。現代は、視覚
によるメディアが主流になっているため、人はまず外見で判断される場合が多
い。そこには、相手に対する思い込みや誤解が伴う場合が多い。それを避ける
ためには、あえて手紙を通して自分を語ることが、ときとして必要になる。

③　自分らしさ

　既に分身化のところで、自分らしさが表現されたものであることに触れた。
ここではさらに、手紙を手作り（ハンドメイド）することや、直筆などアナロ
グにこだわる点について考えてみたい。

　手紙にはいろいろなスタイルがあるが、私信では手書きで書かれることが多
い。また、相手に合わせて、封筒や切手、イラストや小物などに工夫を凝らす
ことも多い。そこには、2つの意味が認められる。

　1つは、送り手本人が直接手紙に触れ手を加えることで、相手との心的距離
が近くなることだ。「自分のために1点モノを、手間暇をかけて作ってくれた。」
そのような、相手のためだけにかけられた時間や手間に託された思いを、直接
手紙を手に取ることで実感できるからだ。

　もう1つは、アナログへのこだわりである。手紙が手作りによる1点モノで
あり、コピーではないことが、アナログとしての魅力を高めている。考えてみ
れば、多くの芸術作品は1点モノだ。だから、手紙は相手に対して、特別に手

作りされた芸術作品だという意味も含まれている。

　以上の3点、すなわち「心の会話」「分身化」「自分らしさ」は、手紙の特徴から読み取れる魅力に他ならない。手紙コミュニケーションは、そのような意味を相手と共有しつつ、時間をかけて行われているコミュニケーションなのだ。

メリットとデメリット

　次に、メリットとデメリットの視点から、整理しておこう。

　手紙コミュニケーションのメリットで最も大きいと考えられる点は、あえて時間をかけてコミュニケーションが行われることである。一般に、郵便による手紙のやり取りのことを、スネイル・メール（Snail Mail: かたつむりメール）といわれることがある。それは、ゆっくりと時間をかけて手紙がやり取りされることを、かたつむりののんびりとした動きに擬えているのだろう。

　ただ、少しだけ発展させて捉えれば、それはゆっくりと時間がかけられることであり、マイペースで考える時間が許されるメディアであることを意味している。一方、対面では相手の表情を見ながら、必ずしも十分考えることができないまま、やり取りをしてしまうことが少なくない。その結果、本音と建前が分かれたやり取りになってしまったり、何となく同調圧力に流されたりしがちだ。手紙コミュニケーションでは、マイペースでゆっくり考える時間が持てることでそうなりにくい。その点は、意外に大きなメリットだろう。

　他のメリットとしては、形として残る点が挙げられる。言葉でのやり取りは、録音されなければそのまま消えてしまうことが多い。しかし、手紙であれば、ちょうどフリーズ・ドライされた食品のように、手紙をもらったときの様子がそのまま形あるものとして残る。それは、思い出や証拠にもなり、手紙を見るたびに相手のことや、そのときの様子が蘇ってくる。とくに、亡き人の場合は形見にもなる。

　さらに、手紙は基本的なことを教わることで、誰にでも活用できるメディア

である。もちろん、手書きの手紙には得手、不得手が伴うが、多少のトレーニングさえ惜しまなければ難しいものではない。対面と同様、比較的世代を超えて共有できるコミュニケーションといえる。

　では、デメリットについては、どうだろうか。それは、メリットの裏返しでもある。

　まず、やり取りする内容にもよるが、時間がかかることだろう。速報性のある内容を手紙でやり取りすることは、確かに難しい。マス・メディアでいえば、新聞と雑誌の違いと見ればわかりやすい。だから、急ぐ内容は必然的に、速報性のある別のメディアにならざるをえない。

　次に大きなデメリットは、経験やトレーニングがある程度必要なことである。手紙を通して相手の思いをイメージできる想像力や、相手の意図やメッセージを理解する力は、すぐに身につくものではない。ただ、経験など場数を重ねれば、ある程度誰でも身につくだろう。つまり、時間をかければ、誰でも十分使いこなせるメディアなのだ。手紙は、紙と筆記具さえあれば、電気がなくてもどこでもコミュニケーションできる。その点を考えると、今後社会が大きく変わっても、最後まで残るメディアかもしれない。

　その他、切手代をはじめ、モノに多少のコストがかかる点も挙げられる。コストをかけるかは、内容に見合うかどうかである。礼状や詫び状を、もったいないから出さないということは、あまりないだろう。

　手紙コミュニケーションには、以上のようなメリットとデメリットがあるが、目の前にいない相手と「つかず離れず」の関係を築くには、とても相応しいコミュニケーションであることは確かだろう。

課題⑥

　手紙を活用すると、なぜ本音が書きやすくなるのでしょうか。あなたの考えを200字以内で、詳しく述べてください。

LESSON 7

情報のメディア〜SNS によるつながり

SNS（Social Networking Service）には、さまざまなアプリケーション（アプリ）がある。2020年代初め頃の日本では、LINE、Twitter、Instagram の利用者が目立っている。詳しく見ていくと、総務省「令和3年度情報通信メディアの利用時間と情報行動に関する調査報告書」による全年代の利用率は、LINEが92.5%、Twitter が46.2%、Instagram が48.5%であり、20代に限るとLINE が98.1%、Twitter が78.6%、Instagram が78.6%とさらに高くなっている。

これらのデータは今後変わりゆくものだが、SNS では次々と新しいアプリが登場しては消えていく。このことは、特定のアプリを永く使い、習熟していくことを難しくしている。また、同じアプリを利用する対象には偏りが見られ、世代差が出やすくなっている。

ただ、20代までの若い世代では SNS 利用の日常化が既に定着しており、メールでのやり取りよりも優先される状況が見られる。若者が、スマホを肌身離さず身につけている背景には何があるかに注目しながら、SNS コミュニケーションについて考えていきたい。

SNS コミュニケーションとは

SNS は、主にスマホ（スマートフォン）により利用されることが多い。つまり、送り手とともに移動し、場所を問わずやり取りが行われる。その場にいない相手に向けて、メッセージなどさまざまな情報が都度送られるのだが、手紙とは多くの点で異なっている。

　まず、アプリにより送ることのできるコンテンツの形式が決められている。Twitter であれば 140 字以内と、文字だけの内容や、写真、動画との組み合わせによる内容がやり取りされる。思いついたことや気に入った写真を、即座に送ることができる。だが、即時性が高い分だけ、その場で思いついた断片的な内容になりがちである。送り手の中で十分考えられないまま、送られることもよくある。

　また、アプリによりさまざまな表現の工夫は行えるものの、手紙のように手書きでその人らしさを伝えることは難しい。そして何よりも、同じアプリを使える相手とだけしかやり取りが行えない。一見便利なようでいて、やり取りが成立するための制約は意外と多い。そこで、以上を踏まえて定義すると、次のようになる。

　　　その場にいない相手に向け、規格化されたサービスの中で、リアルタイムまたは短時間でやり取りが行えるコミュニケーションである。

　SNS といえば、便利で手軽に利用できるというイメージが強い。しかし、他のメディアと比較しながら詳しく見ていくと、一定の制約の中でしか利用できないこともわかってくる。当然のことながら、インターネット環境のないところでは使えない。

　また、対面コミュニケーションでは身体そのものがメディアとなり、手紙コミュニケーションではモノが分身化したメディアとなっている。それらに対し、SNS は情報そのものがメディアとなっている。その情報は、身体や全体性のあるモノと切り離され、多くの断片的に情報化されたコンテンツのみが、ネット空間の中で飛び交っている。

　次に、SNS にはどのような特徴があるのか、またどのような意味が伴うのかについて、さらに踏み込んで考えていこう。

SNS コミュニケーションの意味

　SNS の最も大きな特徴は、その場にいない見えない相手に向けて、すばやくさまざまな情報を送ることができるところにある。また相手には、既に知っている人もいれば、匿名で知らない人もいる。そして、特定の個人向けというより、大小さまざまなグループに向けてメッセージを送ることが多い。インターネットを活用したコミュニケーションなので、スマホやパソコンなどがあればスピーディに発信でき、返信もスピーディに行える。このようなやり取りのイメージはシンプルであり、インターネットさえ円滑に機能している限り、何ら問題はない。

　コミュニケーションの特徴として気になる点は、送り手主体のメディアであることだ。発信者は実名であれ、匿名であれ、はっきりしている。それに対し、受け手は多様であり、曖昧である。やり取りは送り手のペースで行われ、反応についてもまちまちである。そもそも反応の有無にかかわらず、フォロワー数に応じて影響力があると信じられているが、どの程度の影響力があるかは確かではない。また、匿名でのやり取りになる分、騙されるリスクが高い。つまり、SNS コミュニケーションは、リスクに対してとりわけ自己責任が求められるコミュニケーションなのだ。

　SNS コミュニケーションのコンテンツに目を向けてみよう。LINE でのコメントをイメージしてみるとわかりやすいが、それぞれのアプリの規格に合わせた比較的短いコメントが多い。そして、次々と途切れることなく情報が流れてきて、それを追い続けながらコミュニケーションが進んでいく。ゆっくりとマイペースで考えていると、情報の流れから取り残されてしまいがちになる。別の言い方をすれば、十分考えられることのない状態のまま、スピーディなやり取りが行われ、ひたすら情報が流れ続けているコミュニケーションなのだ。

　そして、新しいアプリが次々と登場してくるため、それぞれに適応することがまず求められる。SNS が登場した 2000 年代中頃から 10 数年しかたっていないため、利用者にはビギナーが多くを占めている。利用者それぞれが、自己

流でやりやすいように活用しており、スムーズにコミュニケーションできる場合もあれば、そうでない場合もある。利用者の適応力次第である。

　以上のように見てくると、SNSコミュニケーションは、誰とでも気軽にスピーディにつながれる関係を生み出している。一方で、十分考えられていないので、やり取りされる内容は概ね浅い。また、さまざまな受け手が存在し、反応もまちまちである。そして、匿名でのやり取りが多くを占めている。そんなイメージが浮かんでくる。

メリットとデメリット

　SNSコミュニケーションのメリットとデメリットを、簡潔に整理しておこう。

　メリットは、いつでも手軽にすばやくコミュニケーションできることに尽きる。また、文章だけでなく、写真などの画像や動画も扱え、個人発のニュースサイトのような発信力のあるメディアにもなりうる。SNSのアプリによってそれぞれ特徴はあるが、特定の個人というより、既知か未知かにかかわらず、誰とでも多くの相手とつながることができる。このことは、個人の発信力を一段と高めることにつながっている。

　一方、デメリットは、情報がスピーディにやり取りされるため、十分考えながらコミュニケーションすることが難しい。また、断片的で裏付けの不確かな情報が多いため、誤解が生まれやすく、騙されることも少なくない。そして、誰とでもつながることができるとはいえ、信頼関係を築いたり、関係を長続きさせたりすることは難しい。また、アプリが更新されたり、新しいアプリが出てきたりすることで、習熟することが難しい。そのことが、世代を超えて誰とでもコミュニケーションすることの障害にもなっている。

　以上を踏まえると、SNSコミュニケーションは、一見手軽で便利なメディアだが、使い方を間違えると、不確かな情報に振り回されたり、誤解により関係が壊れたりしやすい。そして、誰とでもコミュニケーションできるツールに

なりえていない。メリットとデメリットを十分見極めながら、慎重に利用する必要があるだろう。

課題⑦

　あなたが、日頃行っている SNS コミュニケーションで、工夫していることと苦労していることについて、200 字以内で詳しく述べてください。なお、SNS はどのアプリかを明確に示すこと。

LESSON 8

大切にしたい共通点とは

　パーソナル・コミュニケーションのうち、代表的な3つのメディアである対面、手紙、SNSでのコミュニケーションにフォーカスし、その特徴とメリット、デメリットについて考えてきた。

　そこで、以上のまとめとして、「パーソナル・コミュニケーションで大切なこととは何か。」を、トータルな視点から考えてみたい。

　まず、20歳前後の若者の考えを示しておこう。以下は、著者が大学で行ってきた2021年度ゼミナールで、本書で述べてきたパーソナル・コミュニケーションの考え方について学んだ後、ゼミ生12人それぞれがまとめたレポートの中から抜粋した内容である。採り上げた視点は、著者が重要だと主観的に判断したものだ。

① 相手に注目したもの

・自分だけを主体として考えるのではなく、自分自身と、自分とコミュニケーションをとる相手のこと、情報や言葉を受け取る双方のことを考えるということ。

・私は、どのパーソナル・コミュニケーションにおいても、相手のことを考えることが一番重要なことであると考える。全てのコミュニケーションは、相手が見える、見えないに関係なく、相手がいてこそのコミュニケーションである。相手のことを想像し考えた上で初めて始まるのがコミュニケーションである。その上で、どのパーソナル・コミュニケーションを利用するのかを決め、注意しなければならない点をしっかりと考える必要がある。

② 内容への配慮に注目したもの

・口に出す前に「これは相手が嫌な気持ちにならないかな」と自問自答してみるこ

とが重要だと思います。最近の SNS のニュースではこうしたトラブルがあるので、自分の言動を見直す習慣をつけることを忘れずにいたいです。言葉は平気で人を追い込んだりすることができるので、一種の「暴力」とも言える。だから、相手のことを考えて言葉に注意していく必要があると改めて認識することができました。

・つい人とのコミュニケーションの上では口走ることがどのツールを使っていても多々あると思うが、展開の早い対面であっても、考えることができる手紙であっても、慣れてしまう SNS であっても、相手は常に同じ「人」であることを忘れずに、一度ゆっくり考えて言葉を紡ぐことが、パーソナル・コミュニケーションをとる上では欠かせないのではないかと考える。

③　使い分けに注目したもの

・自分が一番伝えたいことが誤解のないように相手に届く、最適なパーソナル・コミュニケーションを使い分ける必要があるということ。

・大切なことはそれぞれのパーソナル・コミュニケーションの使い方だと思った。例えば、最近は好きな人に告白する際にも LINE などを使っている人が多く見られるようで、私だったら嫌だなと感じてしまった。それは、告白というものに対して私が少し重く受け止めすぎているのも原因であるかもしれないが、大切なこと、重要なこと、それ以外にも自分の真っ直ぐさや本気さを伝えたい時などに、対面でのメッセージが必要なのではないかなと思う。

　それぞれ簡単な見出しをつけてみたが、3つのポイントに整理することができる。それぞれについて、補足しておこう。

　まず、パーソナル・コミュニケーションは、相手のことをしっかりと意識することが最も大切だと述べている。どのようなコミュニケーションを行うか以前に、相手のことをしっかりイメージすることの大切さを指摘している点は、とても重要だ。とくに、若い世代は SNS コミュニケーションに偏りがちだが、SNS が送り手主体になりがちであることを考え合わせると、その意味は際立ってくる。なぜなら、相手のことをまず考えるのは、相手に何を伝え、どのような関係を築くかの第一歩だからだ。逆にいえば、自分のことばかりを考

えたコミュニケーションは、独りよがりになりがちであり、往々にして相手を傷つけるものが少なくない。この点は、何よりも忘れずにいたい。

　次に、内容への配慮について述べられている。人はつい感情に任せて発言すると、言葉は暴走する。とくに、SNSでの匿名によるやり取りの中では、言葉がエスカレートすることは珍しくない。相手は、単なる発せられた言葉という「情報」ではなく、言葉を発する「人」であることを、しっかりと理解しておきたい。言葉のやり取りがエスカレートしないためには、しっかり考えた上で言葉を発することだ。言葉を発する前に「自問自答」し、自分が相手の立場だったらどう思うかをイメージすることは、とりわけ大切である。このような日頃の心がけ次第で、相手との関係は大きく変わってくる。この点も、忘れずにいたい。

　最後は、メディアの使い分けについて述べられている。この点は、次章以降で詳しくまとめるつもりだが、どのような場面でどのようなメディアが最適かを、それぞれのメディア特性を踏まえて考えることは、極めて重要である。また、このことが当たり前に行えるようになると、まさにコミュニケーションの達人に近づけると、著者は考えている。

　誤解が生まれないようにコミュニケーションすることは、相手との間に生じるコミュニケーション・ギャップを限りなく小さくすることであり、それにより信頼関係は高まっていくからだ。また、最も相応しいやり方でコミュニケーションすることで、受け手の送り手への理解は深くなり、送り手への親密さや信頼感も高まるからである。いずれにしても、コミュニケーションが単なる情報のやり取りではなく、相手にとって意味のある何かのために行われる、有効な手段であることを忘れてはならない。そして、それは相手との関係づくりにつながっていく行為なのだ。

　著者は、「コミュニケーション力のある人」について、次のように考えている。

　コミュニケーション力のある人とは、相手への想像力、コミュニケーション内容を考える思考力、手段や関係をどうすれば最適かの判断力が揃っている人だ。

　現在は、日々のコミュニケーションの中で、インターネット利用が日常化している。そのため、コミュニケーションを行うには一見便利な時代だ。しかし、ネットばかりに頼らず、さまざまなメディアを駆使し、身の回りの近しい人や世代を超えた多様な人と信頼関係が築けるように心がけたいものである。

　そして、コミュニケーション力を磨いていくためには、時間をかけて多様なメディアが活用できるようになるとともに、多様なコミュニケーションを日常的に習慣化していくことが大切だと考えている。それぞれが、自分の得手不得手を考えながら、コミュニケーション力をいかに高めていけるかを考えてほしい。

---- 課題⑧ ----

　あなたが、パーソナル・コミュニケーションの使い分けで、日頃から工夫していることは何ですか。とくにない人は、SNSコミュニケーションでの失敗した体験について、200字以内で詳しく述べてください。

第 3 章

使い分けの工夫

LESSON 9

ケース①　お礼とお詫び

前回は、代表的なパーソナル・コミュニケーションについて、それぞれの考え方をできる限りわかりやすく述べてきた。

今回からは、パーソナル・コミュニケーションの考え方を踏まえて、具体的な場面でどのようにコミュニケーションを行っていく必要があるか、またその際のメディアの使い分けについて、実践的に考えていきたい。

３つの場面設定

具体的な場面は、３つの視点から考えてみたい。それは、①お礼とお詫び、②告知と告白、③対話と共有の３つである。

①については、日常生活の中で誰もが関わる基本的なコミュニケーション場面だ。お礼は、自分に対する他者からの大小さまざまな行為へのお返しである。お礼が適切に行われることによって、信頼関係はさらに良好になっていく。

一方、お詫びは、壊れかけた、または壊れてしまった人間関係を修復するためのコミュニケーション場面だ。お詫びの程度もさまざまだが、コミュニケーションの仕方次第で、その後の関係は良くも悪くもなる。慎重さがとりわけ必要とされる場面である。

②については、相手への伝え方に工夫が必要とされる場面である。告知は内容にもよるが、いかにタイミングよく、そしてわかりやすく相手に伝えるかだ。知り合いへの転居報告１つとっても、それはお互いの関係を確認する大切な機会になる。

　一方、告白は、とにかくタイミングと伝え方次第で、受け止め方が左右される重要な場面である。相手への姿勢が、伝え方によって明確に示されるため、内容以前に受け手もそこから相手の真意など、多くのことを推測する機会になる。もちろん、内容の重要さはいうまでもない。

　③については、対話は目的に応じてやり取りがいかに続けられるかが大切だ。そのためには、場の雰囲気も大きく影響する。そして、共有は内容次第だが、必ずしも返事を求める必要はない。その代わり、いかに深い理解が得られるかだ。そのためには、共有される内容への工夫が何よりも大きく関わってくる。

　では、それぞれの場面について、一緒に考えていこう。

お礼のポイント

　お礼とは何だろうか。改めて、少し考えてみたい。

　日本国語大辞典によると、「恩恵または贈り物を受けたのに対して、感謝の意を表わすこと。そのことば。また、そのことばを表わすための金品や行為」と記されている。この説明からわかるように、お礼は返事であり返信だ。それがどのようなモノや行為であれ、感謝の気持ちを込めたお返しである。

　ただ、注意点がいくつかある。1つはタイミングである。せっかく自分のために、何かをしてもらったのに何も返さなければ、感謝の気持ちが伝わらないだけでなく、相手を無視したと受け止められる。そして、そのような人間だと認識されてしまう。送り手は、返事をもらうことで、どのように受け止めてくれたかを知る手がかりが得られる。さらに、相手への好意が適切だったことを確認することができる。このように考えると、お礼はどのような形であれ、迷惑な場合を除けば、必ず形にする必要がある。

　では、どのような方法が望ましいのかを、具体的に考えてみよう。

事例①　Aさんは、就職祝いとして、親戚の叔父さんからプレゼントをもらった。叔父さんとは、それほど親しいわけではないが、年に1、2度顔を合わせる機会がある。

　お礼として一般的に考えられるのは、お祝いをもらってから早々に礼状を手紙で出すことだ。ただ、手紙が苦手な場合は、電話で感謝を伝えるのも可能だろう。手紙の方が望ましいのは、手紙であれば形として残る上に、気持ちをいろいろ伝えることができるからだ。たとえば、お祝いへのお礼だけでなく、社会人になって将来どんな希望を抱いているかなど、手紙だから伝えられることもある。お礼をするタイミングを、またとない機会だと考えれば、相手との関係を発展させられるきっかけにもなる。対面を除けば最も丁寧なやり方は、まず電話で早々に感謝の意を伝え、改めて礼状を出すことだ。ここまでできれば、コミュニケーションの豊かさは十分だろう。

　あまり親しい相手でなければ、メールやSNSで伝えることはもちろんできない。最もまずいのは、親に代わりにお礼を伝えてもらうやり方である。そのような行為は、社会人としてお礼の1つもいえない未熟な存在として、相手から思われても仕方がないだろう。せっかくの機会が、お礼の仕方1つでイメージダウンになってしまう。気をつけたいものだ。

お詫びのポイント

　お詫びについても、まずその意味を押さえておこう。

　デジタル大辞泉によると、詫び（わび）とは「あやまること。謝罪すること。また、その言葉。わびごと」と、簡単に記されている。少し踏み込んで考えてみると、何がしか迷惑をかけた相手がいて、本人がその非を認め、その相手に言葉や姿勢で謝罪の気持ちと誠意を伝え、相手から許しを得ることだといえる。迷惑をかけた程度にもよるが、迷惑をかけた本人がどのような方法で謝罪の姿勢を示すかにより、相手から許してもらえる可能性が決まる。

　一般的に、謝罪は迷惑の程度で取る方法が変わってくる。謝罪の程度の大き

なものから順に並べてみると、①対面で本人がしっかりと自分の言葉で詫びる、②手紙で本人が丁寧な詫び状を書いて送る、③電話で本人が誠意をもって丁寧に詫びる、④メールで本人が丁寧に詫びる、となるだろう。

　ただ、お詫びの場合はお礼とは異なり、至急対応することが必要だ。そのため、すぐに対面でお詫びできないときは、電話でまずお詫びの気持ちを伝えた上で、①や②の対応をとることになる。④は迷惑の程度が軽い場合に限られるが、相手が対面も手紙も拒否している場合は、次善の策としてとることもないわけではない。いずれにしても、迷惑の程度や相手の反応により、最適な方法を選択する必要がある。不適切な場合は、いつまでも許しが得られないか、関係は永遠に壊れたままになる。

　では、次の事例で具体的に考えてみたい。

　事例②　Aさんは、友人とお洒落なレストランへ食事に行った際、酔った勢いで騒いだ上に、その友人に対しても酷いことをいってしまった。翌日、別の友人からそのときの様子を詳しく知らされた。どのように謝ればよいのか、迷っている。

　迷惑の程度としては、微妙なところだろう。また、レストランに対する迷惑と友人に対する迷惑を、分けて考える必要がある。

　まず、レストランに対しては、至急謝罪に行く必要がある。何かを破損したのであれば弁償し、誠実にお詫びの気持ちを示せば、恐らく許してもらえるだろう。ただ、タイミングが肝心である。迷惑をかけた後2、3日以上経ってからだと、「いまさら何だ」と思われ、お詫びの気持ちは伝わりにくい。その場合は、手紙で丁寧に詫び状を書き、出す方が望ましい。確実に相手に届くからだ。逆に、電話ではレストランの仕事の迷惑にもなり、十分な気持ちが伝えづらく、あまりお勧めの方法ではない。いずれにしても当分は、そのレストランに行けないことは間違いないだろう。

　友人の方は、親しさの程度にもよるが、対面でできるだけ早く謝罪をする必要がある。電話で済む場合は、よほど親しい場合に限られる。その際、「酒の

上でのこと……」などと言い訳は絶対にしてはならない。誠意が伝わらないばかりか、逆効果になるからだ。対面でも誠意が伝わらない場合は、詫び状を手紙で送り、誠実にお詫びの気持ちを伝えておくのが良い。友人関係でどこまでやる必要があるかはいろいろだが、長く信頼関係を続けたい相手であれば、多少過剰な謝罪であっても、相手は嫌な気持ちにならないのではないだろうか。

課題⑨

　あなたが、「お礼」をするときに気をつけていること、および「お詫び」をするときに気をつけていることは何ですか。理由も含めて 200 字以内で詳しく述べてください。

LESSON 10

ケース② 告知と告白

　告知と告白は、似て非なるものである。なぜなら、告知の相手は数多くいるのに対し、告白の相手は特別な1人だからである。また、告知の場合は数多くの相手に、必要な情報が正しく伝わらなければならない。それに対し、告白の場合は特別な1人の相手に、単に情報だけでなく特別な思いや姿勢がどちらも伝わる必要がある。

告知のポイント

　告知には、さまざまなものがある。イベントの案内であったり、ワクチン接種のお知らせだったり、会社の社名変更だったりいろいろである。個人に限れば、誕生日会の案内や引っ越しのお知らせ、ちょっとした日々の話題などいろいろあるだろう。年賀状は、昔から告知の代表的なメディアだといえる。

　では、事例で具体的に考えてみたい。

事例③　Aさんは地球環境問題に関心がある。とくに海洋プラスティックごみ問題を、多くの人に知ってもらいたいと考えている。また、来年オーストラリアで行われる若者による環境国際会議と、同時期に行われる海洋ごみ調査に参加したいが、資金不足のためその寄附を募りたい。

　Aさんのように、個人でも社会に広く告知し、協力を得たいと考える若い人たちは最近増えている。単なる個人間の告知ではなく、広く社会に向けた告知として考えてみよう。

　この事例では、2つの課題がある。1つは、自身の関心を広く社会に発信し

理解を得ることである。もう1つは、さらに自身への支援として寄附を募るものだ。

　現在、個人が社会に向けて広く伝えるとき、ネットをうまく活用することが有効だ。具体的には、ブログなどで自身の関心や今までの活動を紹介するとともに、Twitter や Instagram などの SNS で共感してくれる人たちと交流することだ。そして、寄附については、クラウドファンディングを活用し、資金援助の意義をしっかり伝えながら、支援を期待することである。

　さらに可能であれば、マス・メディアやネット・メディアでも採り上げてもらえるよう、記者クラブに出向くなど個人的な広報活動を行うことができれば望ましい。主要なニュースメディアに話題を提供したり、取材を受けたりすることで、多様なメディアに露出できれば関心が広がり、寄附につながりやすい。

　今回の事例は、個人による社会的な課題への啓発と協力を要請するものだ。このように、資金はほとんどないが、これからの社会に必要とされる事業を起業してみたいと考える若者の場合にも、通用するコミュニケーションのモデルでもある。

告白のポイント

　告白については、大切な思いや事実を大切な相手に打ち明けることだ。大学生にとっては、特別な相手との交際に関わることが多いだろう。他には、プロポーズや秘密を明かすことなどが考えられる。いずれにしても、人生の中で告白する機会は多くはないものの、誰もが関わる特別なコミュニケーションの機会だといえる。

　前章の最後の方で、メディアの使い分けについて触れた。その中で、以下のような大学生のコメントがあった。

「最近は好きな人に告白する際にも LINE などを使っている人が多く見られるよう

で、私だったら嫌だなと感じてしまった。それは、告白というものに対して私が少し重く受け止めすぎているのも原因であるかもしれないが、大切なこと、重要なこと、それ以外にも自分の真っ直ぐさや本気さを伝えたい時などに対面でのメッセージが必要なのではないかなと思う。」

　好きな人に告白するときは、LINEではなく対面が必要だ。なぜなら、告白は重いものであり、大切さ、重要さ、そして本気さが伝わらないといけないからだ。だから対面でないと、そのような姿勢が伝わらない。

　皆さんは、この考えに共感できるだろうか。次の事例で、考えてみたい。

　事例④　Aさんは、高校生のときに彼氏と交際を始め5年目になる。大学は別々になったため、主にLINEでのやり取りが多い。会うのは月に1、2度だ。彼は将来研究者を目指し、卒業後留学したいという。ある日、彼から長文のメールでプロポーズされた。Aさんの心境は複雑である。

　Aさんと彼氏との関係の深さはわからないが、在学中に結婚する人は多くない。Aさんの身になれば、彼氏のことが好きかどうかにかかわらず、相手が仕事にもつかないうちに結婚するのは不安だろう。また、留学中に気が変わる心配もある。Aさん自身の将来の希望もあり、なかなか返事ができないのが正直なところではないだろうか。

　告白の手段については、普段は離れているとはいえ、メールではなく直接対面でいってほしかったと思われる。その際、彼氏の真剣さやお互いの将来についての話もできただろう。穿った見方をすれば、彼にとってプロポーズはメールで済ませられる程度のものであり、別れるときもメールで済ませるかもしれない。Aさんの心境が複雑になるのも仕方がない。

　ただ、告白は必ず対面でなければいけないかというと、そうとは限らない。昔から恋文があるように、手紙で本心を丁寧に語ることは可能だ。長文のメールとは、特別感が大きく異なる。

　告白の場合は、その内容以上にどのような手段で相手に伝えるかが厳しく問われる。なぜなら、その手段にかける時間や手間が、相手への姿勢として伝わ

るからである。だから、対面でなくてもリッチネスが高まるよう、いくつかの方法を組み合わせる工夫も必要だ。たとえば、メールでプロポーズするだけに終わらせず、追って電話で気持ちを丁寧に補足すると、受け手の印象は随分変わる。「自分が相手の立場だったらどうか」と考える癖も、つけておきたいものだ。

課題⑩

　あなたが、結婚したいと思う相手に、どのようなプロポーズの仕方が望ましいと考えているか、200字以内で詳しく述べてください。

LESSON11

ケース③　対話と共有

　対話と共有は、コミュニケーションの方向が大きく異なっている。また、告知と告白の違いにも、少し似ている。

　対話は、限られた相手に対し、やり取りを重ねることで少しずつ相互理解が深くなっていく。さらに、やり取りの中から新しい視点やアイデアが生まれてくることも少なくない。アイデア会議やゼミナールでの議論は、まさに対話の好例である。

　一方、共有の場合は、イベントのように同じ場を共にし、内容への共通理解だけでなく、複数の相手と共感できる関係を生み出すことが期待される。そのためには、伝えたい内容への工夫がいろいろ求められる。

　では、それぞれについて、具体的に考えていこう。

対話のポイント

　対話に似た言葉に、会話がある。何が違うのだろうか。対話の意味を捉える上で、まず考えてみたい。

　哲学者の中島義道氏によると、会話とは「表出された言葉の内実より言葉を投げ合う全体の雰囲気の中で、漠然とかつ微妙に互いの「人間性」を理解し合う」ことである。一方、対話は「各個人の自分固有の実感・体験・信条・価値観に基づいてなにごとかを語る」ことだという。少し難解な説明だが、会話は雑談しながらやり取りを楽しむような、良い関係づくりをイメージするとわかりやすい。それに比べて、対話はもう少しそれぞれの語る内容にこだわったものであり、そこには相手との考え方のズレを小さくすることや、ある心情への

深い理解を促すことを求めている。対話するお互いの関係は、必ずしも良好とは限らない。ちょうど、政治家による外交での対話のイメージが思い浮かぶ。少し極端な会話との比較だが、対話の特徴は十分わかるだろう。

　さらに、次の事例で具体的に考えてみたい。

　　事例⑤　Aさんは、将来医者を目指して学んできた。しかし、ボランティア活動で子どもたちへの教育支援を行っているうちに、教員こそ自分の天職だと感じるようになってきた。そこで、両親を説得したいと考えている。父親は病院を経営している。うまくできるか、少し不安だ。

　まさに、両親との対話が必要な場面である。単に話をするだけでなく、相手への説得が必要だ。Aさんが、どのような将来を描いているのか。教員免許をこれから取るための金銭的な負担を、どのように考えているのか。病院の跡継ぎについては、どうすればよいと考えているのか。いずれにしても、十分考えた上で対話することが必要である。

　対話の方法については、直接対面して時間をかけて説得するしかないだろう。この機会に両親の気持ちも十分受け止めた上で、双方納得できることが重要だ。単に将来の選択についての話に留まらず、これからの両親との関係にも影響してくるからだ。また、これからの教員免許取得までの支援をお願いするとしたら、1度の対話で相手が納得するかどうかはわからない。

　そのように考えると、この事例の場合は、手紙や電話、もちろんネットでのやり取りはありえないだろう。意を尽くして丁寧にコミュニケーションすることで、何とか合意に辿り着けるかどうかである。

共有のポイント

　既に述べたように、共有は内容についての情報に留まらず、思いなど感情も十分共有することが求められる。また、共有される内容は、個人的な話題から社会的な情報までさまざまなものが考えられる。

　では、次の事例で具体的に考えてみよう。

　事例⑥　Aさんの住む町には、立派な桜並木がある。春には見事な桜を咲かせ、
　　　　　地元の人には憩いの場になっている。ただ、その桜並木の名は「涙桜」。涙
　　　　　のように垂れる咲き方にも特徴があるが、大昔の悲しい出来事を鎮魂する
　　　　　ために桜が植えられたという。後世にも伝えていきたい由来である。

　この事例は、個人の話題というより町の話題である。土地にまつわる話題
は、全国に数多く残されている。しかし、意識しないと知らないまま過ごして
いることが多い。
　今回のような由来を、地元の人や涙桜に関心がある人と共有するには、どの
ような方法が効果的だろうか。
　まず、由来を説明したWebサイトを通してネットで紹介することが考えら
れる。春にはイベントを企画し、桜並木を楽しんでもらう機会を設け、それを
通してその由来を浸透させることもできる。さらに、その由来を民話としてま
とめ、地元の幼稚園や小学校で語り聞かせる試みも考えられるだろう。その
際、どのような悲しい出来事があり、鎮魂するに至ったのかを、わかりやすい
物語として伝承することで、当時の悲しい思いも伝えやすくなる。その物語を
わかりやすい絵本にできれば、さらに豊かな感情も一緒に由来を伝えることが
できるだろう。
　情報共有は、いろいろなメディアで形にすることにより、さまざまな対象と
共有できる。さらに、時代を超えて後世まで語り継ぐことも可能になる。今回
は、町の話題として由来を伝承していくケースだが、他にも企業で創業者の精
神を後世までしっかりと伝承できるよう、さまざまなエピソードに置き換えな
がら、関係者の中で語り継がれることは珍しくない。

使い分けの工夫

　以上、3つの視点から6つの事例を通して、メディアの適切な使い分けについて考えてきた。

　全体を通して、パーソナル・コミュニケーションでは、限定された特別の相手に対しては、対面を中心としたリッチネスの高いコミュニケーションが求められる。お詫びや告白などは、その代表例だろう。

　一方、より多くの相手に、情報を届けたり理解を促したりしたいときは、複数のメディアを連携し活用することで、効果は高められる。とくに、現在はネットでのSNSをうまく活用することが必須だろう。告知や共有を広める場合には、多少のリッチネスを犠牲にしても、リーチ主体のメディア展開が求められる。

　いずれにしても、メディア特性をうまく見極めながら、その場面では外せないメディア選択ができることや、また複数のメディアを並行して活用することで、リッチネスを重ね合わせたり、効果の幅を広げたりできること。そのような理解が、パーソナル・コミュニケーションでのメディアの使い分けにつながる重要なポイントであることがわかるだろう。

　課題⑪

　あなたが、時間をかけて相手と対話するときに、とくに気をつけていることにはどんなことがありますか。具体的な例を挙げて、200字以内で詳しく述べてください。

コミュニケーションの基本視点

LESSON12

メディア選択の視点

　前章では、特徴的な場面に応じて、メディアをいかに使い分けるかを考えてみた。本章では、さらに踏み込み、メディア特性の持つ意味を改めて追究してみたい。なぜなら、メディア選択により何を期待するかは、そのメディアの持つ特性をいかに理解し、活用するかに関わっているからだ。そこで、次の3つの視点から考えていこう。

　1つは、伝わるスピードに関わる「ファストとスロー」、もう1つは、伝えられる内容の濃さに関わる「浅さと深さ」、そして最後は、メディア選択によって得られる「手軽さや心地よさ」など利用者にとっての「快感」である。

　いずれにしても、コミュニケーションの基本は適切なメディア選択である。メディア特性をしっかり理解し、選択眼を学んでいこう。

ファストとスロー

　メディアによる情報の伝わるスピードは、相手との距離感により概ね決まってくる。ただ、物理的な距離感だけでなく、心理的な距離感も大きく作用する。

　物理的な距離感はわかりやすい。対面であれば、場を共有しているのでリアルタイムでやり取りが行われる。伝わるスピードは最も速い。場を共有しない場合では、電話（通話）でもリアルタイムでやり取りができる。伝えたいこと、伝えたいニュアンスがどこまで相手に届くかは別として、対面に近い速さで伝え合うことができる。

　ネットの場合はどうだろうか。メールであれ、SNSであれ、受け手のタイ

ミング次第である。チャットのようなやり取りであれば、リアルタイムに近く、比較的早く伝わるが、受け手が確認し反応する時間により、やり取りは早くも遅くもなる。そして、手紙はいうまでもなく最も遅い。そして、待つ時間が圧倒的に長い。スローメディアの代表である。

　心理的距離感についてはどうだろうか。これは、相手との関係性でスピードは決まるだろう。言い換えれば、相手との関係性とは、お互いどの程度の知り合いであるか、相手にどの程度親しみを感じたり、信頼したりしているかである。たとえ対面であっても、関心のない相手の言葉はなかなか心に届かない。つまり、受け止める意思が弱ければ、ほとんど伝わってこないのである。

　ネットの場合で考えると、そのことがとてもよくわかる。知らない相手からの長文のメールや、Twitter でやり取りされている匿名同士のどうでもいい話など、形としていくら存在していても相手が関心を持って受け止めてくれなければ、存在しないに等しい。

　一方、手紙のように伝わる物理的なスピードは遅くても、その手紙を待ち望んでいる相手であれば、丁寧に書かれた手紙から送り手の思いがしっかりと受け止められることもある。心理的距離感は、受け手の視点で理解する必要があるのだ。

　以上のように考えてみると、伝わるスピードは物理的な距離感と心理的な距離感が掛け合わされることによって決まる。つまり、物理的な距離感は必要条件、心理的距離感は十分条件だといえるだろう。

　だから、メディア特性として伝わる速さを考えるとき、送り手の都合だけで考えてはいけない。相手にしっかり届くだけの関係が成立して初めて、物理的な距離感が活かされる。たとえば、初めての相手に何かを依頼するとき、いきなり電話をしたり、メールを送ったりしても、すぐに反応してくれるかどうかはわからない。まずは、一見時間がかかりそうでも、丁寧な手紙を送り信頼を得た上で、さらに電話やメールで伝えたいことを届けると、受け止める相手にとって送り手の印象は随分違うだろう。1 度も会ったことのない相手に対するこのような工夫は、以前からよく行われていた。2 つの距離感を踏まえると、

その工夫の持つ意味が改めてよくわかる。

浅さと深さ

　伝えられる情報や内容の豊かさは、ほぼ使われるメディアの持つリッチネスの許容量にしたがう。一般的に、対面は最もリッチネスが高く、ビデオ（動画）、電話（通話）、手紙、メール、SNS の順に下がっていく。ただ、これはあくまでも許容量についてのことである。せっかく対面でコミュニケーションしているのに、じっと黙ったままでは、相手に伝えられる対面による手がかりの多様性を活かすことができない。電話でも、緊張してなかなか話せない人にとっては、あまり有効な手段にならないだろう。一方、しっかりと考えられた思いが綴られた手紙には、相手の琴線に触れられる深さまで伝えられる場合がある。

　つまり、ここではリッチネスから見たメディアの許容量が必要条件であり、それをどれだけ充足させて活かしきれるかが十分条件だといえる。さらに大切な点は、十分条件を最大限に活かすためには、それなりの経験やトレーニングを通して習熟することが求められる。対面で話すことが得意な人と苦手な人とでは、相手に伝えられる内容の深さは大きく異なる。そして、相手への影響力にも大きな差が出てくる。電話でも、手紙でも同様である。

　ネット社会の現在では、ネットの活用能力を向上させる機会は日頃から多い。しかし、相手と直接対話することや、手紙を通して思いをしっかり伝えること、電話で自分の伝えたいことを口頭でスムーズに伝えることは、意識的にそれなりのトレーニングを重ねないとなかなか身につかない。大学生は就活のときに、面接試験などでそのことを実感するだろう。また、社会人になってからは、新入社員の頃にネット・メディア以外のコミュニケーション力の必要性を、改めて実感するのではないだろうか。

　ただ、勘違いしないでほしいのは、深いコミュニケーションがいつでも必要なわけではない。たとえば、いつもの相手と気軽にあいさつを交わす程度であ

れば、LINE で済ませれば十分だろう。年賀状は、年に１度だけハガキで済む
程度の内容で十分である。

　つまり、内容の浅さや深さは、必要とされる場面や程度に合わせメディアが
選択されることで、適切に対応できているのが最も理想的である。しかし、現
実には面倒だからといって謝罪をメールで簡単に済ませたり、顔を合わせたく
ないからといって LINE で別れを告げたりすると、悪気はなくてもトラブルに
発展することがある。普段から、スマホばかりでコミュニケーションしている
と、誰に対してもどんなときでも、スマホでコミュニケーションする癖がつき
やすい。悪気があろうがなかろうが、それは相手には関係がないことだ。だか
ら、苦手なメディアでも必要に応じて使えるように、日頃からトレーニングし
ておきたいものである。

快感としての手軽さと心地よさ

　どのメディアを選択し活用しようと考えるかは、相手や求められる状況の他
に、自分にとっての楽さや自分の慣れなども影響している。つまり、そのメ
ディアを使うことによる手軽さや心地よさであり、メディアを使うことの「快
感」といえる。

　たとえば、何でも電話で済ませようとするお年寄りがいる。手紙を書くのは
ひと苦労だし、会って話すためには出かけないといけない。もちろん、スマホ
は使えない。ただ、自分は誰とでも話すことは好きであり、電話で話すことが
全く苦にならない。だから、いつでも電話を使う。情報行動としてみれば、ス
マホでのコミュニケーションばかりに偏りがちな若者と、似ていなくもない。
つまり、どのメディアにこだわるかではなく、人はつい特定のメディアに囚わ
れてしまいがちになるのだ。それはコミュニケーションに限らず、人間は楽な
ことや慣れていることに流されやすい。自分にとっての快感をつい優先させ、
いつもの行動を選択してしまうからなのだ。

　また、リッチネスの高いメディアは使いこなすにはトレーニングを必要と

し、習熟することが求められると、既に何度か述べた。その点も考え合わせると、苦手なメディアはできるだけ敬遠し、自分が使い慣れている楽なメディアだけで、すべてを済ませたいと考えてしまうわけである。たとえば、手書きの字が汚く、しかも手間がかかることが、手紙を一生遠ざけることになってしまう。パソコンですら使うのが面倒だからといって、スマホで作成されたレポートを提出してくる大学生が、近年珍しくなくなっている。スマホで作成された文書は、書きっぱなしで推敲がされていないものが多い。そのため、誤字だらけで句読点のない文章が、長々と続くことがよくある。読む相手のことなど、全く意識されていないのだ。

　このような快感優先の考え方の主な問題点を、2つだけ挙げておきたい。

　1つは、メディアにはそれぞれ強み、弱みがあり、個々異なっている。1つのメディアばかりに偏ってしまうと、そのメディアの弱みを他のメディアによりカバーできないことになる。謝罪のときにメディア選択をいかに考えるかについて既に述べたが、対面や手紙が全く苦手なままだと、まともな謝罪がいつまでも行えないことになってしまう。また、就職面接で対面は嫌だと避け続けていると、希望の就職先には入れないだろう。それどころか、仮に入社できても、その後の仕事に支障が出てしまう。最近の大学生の傾向として、面接だけでなく、初めての相手と電話でやりとりするのが、とにかく苦手だという人が少なくない。だから、どんなに苦手であっても最低限の努力を惜しまず、ある程度は使えるぐらいにしておく必要があるだろう。

　もう1つは、どのメディアが適切かを選択する場合、相手にいかに合わせられるかが優先される。現在さまざまなメディアが使われているが、相手がそのメディアが使えて初めて、コミュニケーションが成立する。自分がいくらLINE に慣れているからといって、高齢世代とコミュニケーションするときは、LINE 以外はダメだというわけにはいかないだろう。まずは、相手の使えるメディアに合わせることが、最低限のマナーである。それは、対面かもしれないし、手紙かもしれない。いずれにしても、パーソナル・コミュニケーションに関わる、いろいろなメディアが使えるようにならなければ、世代を超

えて誰とでもコミュニケーションすることはできない。最近は、スマホのメールですら、ほとんど使わない大学生が目立っている。

　ただ、多少トレーニングすれば、誰でもどのメディアでも使えるようになる。なぜなら、どのメディアも、今まで多くの人に使われ続けてきたから現在もなお存在し活用されているのであり、特殊な技術がないと使えないメディアなどないからである。

　要は、トレーニングが面倒なだけで、何もしないうちから苦手だと決めつけてはいけない。それどころか、使い方を覚え、慣れることで、そのメディアを使えることが快感に変わってくることは珍しくない。手紙はその典型だ。苦手な人は自分の字が下手だとか、書く時間がないとか言い訳しがちだが、手紙好きな人は何よりも書くことが楽しいと、著者自身が行ったネット調査結果（2018年11月実施、首都圏在住の15～75歳の男女500名、拙著『ネット時代の手紙学』に掲載）に示されている。ちょうど偏食しがちの人が、単に「食わず嫌い」なだけのことはよくある。子どもの頃は嫌いで食べられなかったものが、ある年齢になると抵抗なく食べられて、おいしく感じられることはよくある。それと同じだ。いずれにしても、どのメディアでも慣れれば、そのメディアなりの快感が得られる。そのように、考え方を転換させればよいだけなのだ。

　課題⑫

　あなたが、普段のコミュニケーションの中で、とくに優先しがちなメディア特性はどのようなものですか。具体的な場面を示しながら、200字以内で詳しく述べてください。

LESSON13

等身大という視点

　前章では、3つの視点から二項対立的なメディア特性への理解を、さらに深めてみた。また、さまざまなメディアをある程度使える必要性について、改めて考えてみた。

　今回は、パーソナル・コミュニケーションでの「等身大」という視点について、さらに考えを深めてみたい。この視点は、メディア特性を踏まえた使い分けの土台となっている考え方だ。

等身大とは

「等身大」とは、デジタル大辞泉によると、次のような意味が記されている。

　①人の身長と同じ大きさであること。②虚飾も誇張もない、ありのままの姿。③もっている力に見合うこと。コミュニケーションでは、②または③で使われることが多い。

　著者なりに、簡単な意訳をすれば「その人としてまとまりのある、ありのままの姿や心。」を意味している。現実に存在しているその人を、そのまま別のメディアにコピーしたものだともいえる。コミュニケーションの考え方に寄せて解釈すれば、次のようになるだろう。

　　　等身大とは、その人らしさがストレートに表現され、それが相手に正しく伝わることであり、お互いまとまりのある存在として理解し合える関係が生まれる、前提となる考え方である。

　コミュニケーションについて、等身大を強調する背景には、次のような考え

方がある。

　それは、現代社会が時代に伴いメディアが多様化したことに加え、ネット社会になると情報が断片化しやすくなり、言葉だけが独り歩きしやすいことだ。そのため、誤解が生じやすくなるなど、さまざまなコミュニケーション不全が生まれやすくなっている。とくにSNSでは、よく耳にすることであり、言葉足らずや勝手な先入観が、コミュニケーションに少なからず影響している。

　たとえば、1つの例をイメージしてみよう。具合が悪いと午前中帰ってしまった友人に、Aさんは夜に様子が気になり、LINEでとくに悪気がなく「元気？」と伝えた。すると、「元気なわけないだろ！」と少し怒りが込められた返信が返ってきた。Aさんは友人を気遣ったつもりだが、言葉だけでは「鈍感な相手だ」と逆の意味で捉えられ、それを機に関係がぎくしゃくしてしまった。夜の時間帯にもよるが、もし直接電話をかけていたら、もう少しAさんの気遣う気持ちが友人に伝わったかもしれない。もしくは、「具合はどう？心配になって連絡しました。」のように、もう少し丁寧な文章を送れば、誤解が生じにくかったように思える。

　このように短い言葉だけが独り歩きすると、そこに勝手な想像が加わり、意味が大きく歪むリスクが生じる。言葉はAさんを離れ、勝手に誤解され、思わぬ言葉となって帰って来るのだ。その言葉に、もう少しAさんの存在が反映されていれば、受け止める側も誤解する可能性が少なかったと考えられる。

　つまり、コミュニケーションとは単に情報が誰かに伝わればよいだけではなく、それが送り手の目的にかなったものであり、受け手にとって誤解することなく理解できるものであることが、最低限必要なのだ。

　そして、そのようなコミュニケーションが成り立つためには、どの程度のリッチネスが必要であり、どのようなやり方が相応しいのかについて、基本的な考え方を理解しておかなければならない。等身大でのコミュニケーションは、そのような理解をより明確にする捉え方なのだ。

　では、具体的なイメージから、さらに考えていこう。

コミュニケーションの基本スタイル

　まず、等身大のメディアがわかりやすく表現されているスタイルは、対面によるコミュニケーションである。当たり前だと思われるかもしれないが、対面は最もリッチネスの高いコミュニケーションが可能な方法であり、他のコミュニケーション方法が目標とする基本スタイルでもある。何度も述べてきたが、対面の相手は明確であり、コンテンツは言葉の他にも、表情や身振り手振りなど多様なコミュニケーションも活用できる。さらに、相手の反応も同じレベルのリッチネスで、受け止めることができる。だから、丁寧なやり取りを通して、深い対話が可能になるのだ。

　しかし、対面によって得られる等身大のレベルが、他のメディアによるいつものコミュニケーションの中で得られるわけではない。メディア特性により、それぞれのメディアに応じてレベルダウンが生じてしまうからだ。

　電話であれば、相手の表情がわかりづらい。しかし、生の声を通してリアルタイムに言葉以外の気持ちなど何かを伝えることができる。

　一方、LINEであれば、断片的な言葉だけからは、言葉の背景にある相手の気持ちが摑みづらい。それを防ぐためには、丁寧に説明するか、リッチネスの高い別のメディアに切り替えるしかないだろう。

　対面のように、内容の深い丁寧なコミュニケーションを行うためには、メディア特性の異なるメディアを組み合わせることで、あるメディアの特性の弱い部分を他のメディアにより補完できると、リッチネス全体は対面に近づいていく。それは、ちょうど対面で、表情を交えながら言葉を丁寧に選び、時間をかけて相手を説得する場面に似ている。

　たとえば、既に「告白」の部分で説明したように、遠くにいる相手に好意を伝えるとき、まずは電話で話しながら、感謝の気持ちをタイミングよく伝える。そして、追って手紙を送り、そのときの自分の気持ちを詳しく補足する。このように、2つのメディアを組み合わせるだけでも、それぞれ1つだけで伝えられる気持ちに比べて、何倍も相手に好意が伝えられる。

　ただ、確かに等身大を意識すると、手間はかかる。どんなときにでも、等身大に近づける必要はない。しかし、このときだけは等身大レベルで丁寧に気持ちを伝えようとする場合、対面以外の方法では、メディア特性をうまく組み合わせることでリッチネスを合算していくしかない。

　さらに、等身大の視点を持つことで、大切なことに気づかせてくれる。それは、リッチネスを高めていくことで、受け入れられる相手の幅が広がることだ。どのような世代にも、ときには言葉が通じにくい相手に対しても、コミュニケーションが可能になる。いつもの限られた同じ相手と、いつもと同じようにコミュニケーションするだけであれば、ある程度のリッチネスで十分だろう。しかし、そのままではコミュニケーションの幅は広がらない。

　また、同じ相手であっても、ときにはじっくりと真剣な話をする必要がある。そのような場合は、コミュニケーション方法とリッチネスの関係をしっかり理解し、相手と向き合う必要がある。そうすれば、お互いの信頼関係はさらに高まり、継続的なものになっていくだろう。

　いずれにしても、コミュニケーションの基本は、対面でのコミュニケーションだ。他のメディアは、リッチネスが下がる代替手段であり、それらを活用するときは対面とのリッチネスの差を意識しておきたいものだ。

　課題⑬

　あなたが、あえて等身大を意識したコミュニケーションをとったときは、どのような場面でしたか。具体的に、200字以内で詳しく述べてください。

終　章

LESSON14

信頼関係を築くために

　この講座も、ようやく最終講義に辿り着くことができた。パーソナル・コミュニケーションは、日常生活の身近なコミュニケーションそのものだが、改めて見直してみると、いろいろなことに気づけたのではないだろうか。

　最終講義では原点に立ち返り、コミュニケーションは何のために存在しているのか、そして常に心がけていたいこと、さらにコミュニケーションの達人に至るプロセスなどについて、思いを馳せてみよう。

コミュニケーションは何のためにあるのか

　真顔でこんなことを聞かれると、少したじろいでしまう。それでも落ち着いて考えてみれば、いろいろな答えが思い浮かぶのではないだろうか。ちょうど、人はなぜ呼吸をするのかという問いと似ているかもしれない。

　呼吸の場合であれば、外界から酸素を取り込み、エネルギーを生み出すことで、自らの生命を維持するため。まずは、そのような答えになるだろうか。酸素は自分の内部には蓄えられないため、常に取り入れ続けなければならない。一定時間取り入れられないと、窒息してしまう。

　また、それ以外の理由も考えられる。深呼吸をしたり、ため息をついたり、息を整えたりと、呼吸の仕方によって、自分の気持ちに大小さまざまな影響を与えられる。呼吸は概ね無意識のうちに行われるものではあるが、呼吸するわけを簡潔に表現するのは難しいものだ。

　では、コミュニケーションの場合はどうだろうか。コミュニケーションも呼吸と同じように、さまざまなメディアを通して随時情報を取り込むことにな

る。取り入れられた情報は、その人なりに受け止められ、理解され、手が加えられる。相手に返されるときもあれば、自分の中に留まるときもある。また、情報がしばらく途絶えると、呼吸のようにすぐに活動ができなくなるかというと、必ずしもそうではない。しかし、途絶え続けると社会から取り残されてしまう。社会的な生命維持機能だと、いえなくもない。

　そして、コミュニケーションも呼吸と同様、無意識に行われているときもあれば、意識的に行われるときもある。無意識に行われるときは、情報収集や意思疎通につながるものが多いだろう。一方、意識的に行われるときは、相手を説得したり、誤解を解いたり、関係を修復したりなど、何らかの課題解決を図ろうとしている場面が、イメージとして浮かんでくる。

　では、最終的にそれらのコミュニケーションが向かう先はどこだろうか。

　一言でいえば、「信頼関係を築いていくこと」だと著者は考えている。これはあくまで、著者の仮説にすぎない。ただ、さまざまなコミュニケーションのあり方や、そこでの工夫や苦労を眺めていると、その多くが、良好な関係つまり信頼関係を築くことに向けられたプロセスのように思えてくる。

　ここで改めて、序章で触れた人間は社会的動物であることを思い起こしたい。つまり、コミュニケーションは、人間が社会的動物であり続けるためには不可欠な機能であり、能力である。そう考えると、コミュニケーションが最終的に、信頼関係の構築に向かうことへの必然性が、すんなりと理解できるのではないだろうか。つまり、信頼関係の構築こそが、さまざまなコミュニケーションに共通する価値だともいえる。

日々のコミュニケーションを見直してみよう

　まず、自分自身の日頃のパーソナル・コミュニケーションを改めて思い起こしてみよう。視点としては、日々どのようなメディアで、誰と、どれくらいのコミュニケーションを行っているのか、またトラブルなど問題や悩みとなっていることはないか、1週間のコミュニケーション行動を自己分析してみてほし

い。おそらく大きく分けると、テレビや新聞などマス・メディアに割く時間、パソコンやスマホによるネットでのコミュニケーションに割く時間、それ以外のパーソナル・コミュニケーションに割く時間になる。それらは、1日24時間のうち、睡眠時間を除いた時間を分け合っていることになる。

　また、ある時間において、特定のメディアを優先させることは、それ以外のメディアを利用しないことを意味している。だから、スマホばかりを利用していると、他のメディアを利用する時間は生まれない。スマホに限らず、その人にとって特定のメディア利用が日々習慣化することで、メディア利用の偏りは常態化しがちになる。

　次に、コミュニケーション相手について考えてみよう。意外と限られているのではないだろうか。家族や友人など、日頃直接顔を合わせる限られた相手の他、SNSを通してつながっているいつもの仲間が、現在のところ主なコミュニケーション相手だろう。もし、相手の幅を広げていこうと考える場合は、利用するメディアの幅も広げる必要がある。必ずしも、普段から相手の幅を広げる必要はないが、パターン化されたメディアだけでは、限られた相手としかコミュニケーションできない。その中では、対面でのコミュニケーション力を、大学生のうちにしっかり身につけておくと良いだろう。初対面の相手ともしっかりコミュニケーションができ、将来さまざまな場で活躍するためには不可欠なコミュニケーション力だと、著者は考えているからだ。

　以上のように、日々のコミュニケーションへの自己分析を行ったとき、コミュニケーションで苦労していることはないだろうか。

　たとえば、ゼミの学生からSNSでは良好な関係を維持することに、意外と苦労しているとよく耳にする。ちょっとした言葉足らずのために誤解が生まれたり、ほんの些細なことをきっかけに仲間外れにされたりする。最近では、Instagramなどで複数のアカウントを持ち、友達関係を使い分けている人もわりといるという。ある学生によると、本音でしゃべることができるアカウント、付き合い程度で関わっているだけのアカウント、趣味仲間でつながっているアカウント、情報収集のためだけのアカウントなどがあるらしい。とくに、

付き合い程度で関わっているだけのものは、時間とともに相手が勝手に増殖していく。改めて考えてみると、何となくつながっているだけで決して本音を漏らすことのない関係は、果たして必要なのだろうか。このような関係が増殖していく中で、その SNS 利用に伴う時間も必然的に増えてしまう。SNS での関係も定期的に見直し、クリーニングしていく必要があるように思う。

　SNS 以外では、対面での苦手意識を持ち続けている人も少なくないだろう。対面でのコミュニケーションは、いつの時代になっても必要とされるコミュニケーションの基本スタイルである。大切な用件は、意識的に対面で行うことを心がけるなど、経験する場数を増やしながら慣れていくことが大切である。また、電話や手紙でのコミュニケーションも同様だろう。苦手を克服すること自体、大きな課題だといえる。

常に心がけていたいこと

　コミュニケーションの最終目的が、信頼関係の構築だとすると、どのようなことを常に心がけておく必要があるだろうか。著者の考えを、3 点挙げておきたい。

　①　相手のことを理解する努力をすること

　どのようなメディアを活用しようとも、メディアの先には相手がいる。相手を無視したコミュニケーションは、独りよがりになりがちである。常に相手の立場、つまり受け手のことを想像しながらコミュニケーションすることが大切だ。そのためには、相手のことを理解する努力をすることが不可欠である。その意味では、手紙でのコミュニケーションは相手のことを想像する力を育ててくれる。自分本位にならないコミュニケーションを体得するためには、手紙による文通を経験することをお勧めしたい。

　②　1 つのメディアに偏らないこと

　何度も述べているが、ネットでのコミュニケーション、とくに特定の SNS に偏ったコミュニケーションにならないよう、常に心がける必要がある。その

ためには、それ以外のメディアでコミュニケーションする経験を重ねておくことが大切だ。とくに、対面でのコミュニケーションは最も基本的なものであり、誰とでもできるコミュニケーションである。初対面の相手の場合は、緊張したり、うまく話したりできないかもしれないが、慣れることでしか苦手意識を克服することはできない。いずれにしても、対面以外のいろいろなメディアも使えるようにしておこう。

　③　信頼関係を築くには時間がかかる一方、崩れるのは一瞬であること

　信頼関係は脆いものだ。お互い親しみを感じていたはずの相手が、ちょっとした言葉の誤解により、犬猿の仲になってしまうことも珍しくない。コミュニケーションによる誤解は、言葉の不足や誤った先入観から起きやすい。そうならないためには、丁寧なコミュニケーションを常に心がけること、そして自分勝手な思い込みを持たないよう、冷静さが求められる。先に「等身大という視点」の大切さに触れたが、リッチネスが不足しがちなコミュニケーションの場合は、別のやり方でリッチネスを補う工夫や配慮も意識しておきたい。

　以上、主な3点を挙げたが、他にも心がけたいことはいろいろある。それについては、誰もが日々経験する中で自分なりの心がけとして意識しておこう。

　パーソナル・コミュニケーションは、マス・コミュニケーションやネットでのコミュニケーションも含めた、コミュニケーション全体の縮図でもある。だから、パーソナル・コミュニケーションが十分理解でき、継続的な信頼関係が築けることは、コミュニケーション全体への深い理解にもつながる。コミュニケーション力を磨く上でも、パーソナル・コミュニケーションと日々大切に向き合っていってほしい。

コミュニケーションの達人を目指そう

　最後に、コミュニケーションの達人について考えてみたい。

　皆さんは、「コミュニケーションの達人」と聞いたとき、どのようなイメージを思い浮かべるだろうか。お笑い芸人、テレビのアナウンサー、人気ユー

チューバーなどのプロフェッショナルから、身の回りにいる話の上手い人、Instagram や Twitter で多くのフォロワーを抱えている人、表現力の豊かな人まで、さまざまなイメージが出てくると思う。

　ただ、少し足を止めて考えてみると、話の上手さや SNS での表現力とフォロワー数は、あくまでコミュニケーションの部分的なスキルにすぎない。では、達人イメージの手がかりはどこにあるのだろうか。

　著者は、コミュニケーションの定義の中で、関係を築く力とお互いに影響を与え合う力を強調した。また、ネット社会の現代はメディアが多様化する中で、それらを適切に使い分ける力が大切だと述べた。そう考えると、コミュニケーションの達人に必要なコア・スキルは、世代を超えて良好な関係を築く力と、多様なメディアを必要に応じて使い分けられる力ではないだろうか。

　たとえば、2021 年に逝去された瀬戸内寂聴さんは、本業の作家や僧侶の他、テレビでもネットでも、また講演などの対面でも、さまざまな場面で活躍され、多くの人に影響を与え続けてきた。他にも物故者ばかりになるが、樹木希林さんも役者を超えた表現力の豊かさはいうまでもなく、さまざまなメディアでの活躍の他、手紙を通して多くの若者を励まし続けてきた。その姿には、印象深いものがある。さらに他にも、いろいろ達人がいるかもしれない。

　いずれにしても、著者がイメージするコミュニケーションの達人は、「その人が持つ魅力を存分に発揮することで、世代を超えた多くの人と関係を築き、多様なメディアを通してその人らしく、相手に影響を与えられる人」である。

　つまり、多様なメディアが活用できることはもちろん必要なスキルではあるが、その上に「自分らしさ」をしっかりと表現しながら、幅広い相手と関係を築き、影響を与え合うことのできる存在感のある人こそが、コミュニケーションの達人に相応しいと著者は考えている。

　皆さんは、どう思われるだろうか。ただ、そのような達人は、有名人に限らず、身の回りのさまざまな場で少なからず存在しており、決して稀な存在ではないと思っている。

　では、このような達人のイメージに近づくために必要なこととは、どのよう

なことだろうか。最後に、以下5点を列挙しておきたい。

① パーソナル・コミュニケーションに必要なメディアを、幅広く使いこなせること。

② とくに、対面でのコミュニケーションで自分らしさを発揮できるよう、場数を踏むこと。

③ 世代を超えた相手と、積極的に関わる姿勢が持てること。

④ 目的や相手、場に応じて、メディアの適切な使い分けができること。

⑤ 相手に影響が与えられるだけの人生経験を積み、自分らしい魅力を磨くこと。

　これらは、どれもが短期集中的に身につけられるものではない。日頃から、意識しながら取り組み、習慣的に磨いていくしかない。学校で教育として学んでいけるものは、①ぐらいだろう。

　ただ、現在の学校教育では、ディベートやIT教育ばかり意識されているが、パーソナル・コミュニケーションに必要なメディアとして、手紙など昔から大切にされてきたスキルを磨く経験も、積極的に組み入れてほしい。

　コミュニケーションの達人への道のりは、長く、決して容易ではない。ただ、上に挙げた5点を意識し日々取り組んでいけば、誰もが辿り着ける境地だと考えている。

課題⑭

　あなたが、信頼関係を築くために、日頃から心がけていることは何ですか。また、今後パーソナル・コミュニケーションで、とくに意識していきたいことは何ですか。合わせて、200字以内で述べてください。

■ 特別講義

心地よいコミュニケーションとは

　本章は、先述したパーソナル・コミュニケーションの考え方を踏まえた上で、著者の考える「心地よいコミュニケーション」について、まとめたものだ。

　ネット社会である現代は、多様なメディアによるさまざまなコミュニケーションが行われている。効率的で便利なコミュニケーションばかりが強調される中で、心地よいコミュニケーションが意外に不足している。それはなぜだろうか。

　パーソナル・コミュニケーションへの理解をより確かなものにするために、特別講義として学んでみてほしい。

1　コロナ禍がコミュニケーションにもたらしたもの

　コミュニケーションは、空気のような当たり前の存在として、今も昔も私たちに寄り添っている。しかし、なかなか思うようにはいかないものでもある。そこには時代とともに変わるもの、変わらないものがある。そして、現代のコミュニケーションは、ますます複雑化している。まず、コロナ禍でのコミュニケーション状況から考えてみよう。

　昨今のコロナ禍では、日々のコミュニケーションに多大な影響があった。

　なかなか人に会えない。対面でもマスク越しになってしまう。SNS やZOOM など、ついネットに頼りがちになる。そして、とにかくストレスがたまる。

　コロナ禍は、既に数年にわたる非常時といえる。しかも広範囲で、長引いて

いる。もはや一時的な危機を超えて、生活のあり方や今までのコミュニケーションの見直しを迫るものになっている。当たり前だと思ってきたことを、変えざるをえないこともあるだろう。

減るコミュニケーション量とネットへの偏り

　コロナ禍でのコミュニケーションの変化の1つは、とにかくコミュニケーション量が減ることだ。日常生活では、3密を避け自粛生活を送ることで、家族や友人、知人と会える機会が極端に減った。だからといって、別の手段で頻繁にコミュニケーションを取っているかといわれると、そうでもない。一般に、コミュニケーションは取る機会が減ると、ますます取らなくなっていく悪循環に陥りがちだ。

　一方、減ったコミュニケーション量は、自分に向けられる。これは決して悪いことばかりではない。じっくりと自ら考える時間が増えるからだ。ただ、多くの人にとっては、減った部分をいかに埋め合わせられるかが課題になる。そして、減ったコミュニケーション量に対して、増えるのはストレスばかりである。

　もう1つの変化は、ネットでのコミュニケーションへの偏りが見られることだ。減ったコミュニケーション量のうちある程度は、ネットの仕組みを活かし、連絡、会話、会議などを当たり前に行えるようになった。リモートワークやオンライン授業も急速に広がった。

　ただ、違和感は残る。従来のように対面しながら会話する場合と、ZOOMでの画面越しとでは、何かが違う気がする。たとえば、距離感がピンとこない。顔の見える相手と会話しているのは確かだが、何か身近に感じられない。

　いずれにしても、ネットの活用を増やしたからといって、簡単にコミュニケーション量を補えるわけではない。ましてや心地よさまでは、なかなか取り戻せないだろう。

　それでは、コロナ禍後の社会をイメージしたとき、どのようなコミュニケーションを意識すれば良いのだろうか。

　1つは、コミュニケーション量は減っても、コミュニケーションの質にこだわることはできると考えている。もう1つは、多様なコミュニケーションをいろいろ工夫してみることも必要ではないだろうか。

　いつもSNSでのやり取りばかりだった相手と、たまには電話でじっくりと話したり、手間暇をかけて手紙をやり取りしたりしてみる。時間に余裕ができたときは、本を通して著者と対話してみるのも良いだろう。このように考えてみると、コロナ禍以前のコミュニケーションのカタチには戻らないかもしれないが、相手と丁寧にやり取りできるコミュニケーションを逆に増やすことが期待できる。またこのことは、心地よいコミュニケーションを意識することにもつながる。

　つい増えてしまいがちなストレスについても、コミュニケーションの質にこだわることで視点が変わる。たとえば、コロナ禍で文通を始める人が増えたといわれている。凝った手作りの手紙を、味わうように読んでいるとつい時間を忘れてしまう。自分がそのような手紙を手作りしているときも同様だろう。また、手紙とネットでのやり取りと比較すれば、必然的にコミュニケーションのスピードがダウンする。相手の返事をのんびりと待てるように、この点も多少であれストレス緩和につながっていくと考えている。

コミュニケーションの豊かさとは

　量に比べて質は、わかりにくい視点。心地よさを考える前提として、まずコミュニケーションの豊かさについて整理しておこう。

　一般に、コミュニケーションの豊かさは、3つの点から説明される。それは、①相手から「迅速な反応」が得られるか、②相手から「多様な手がかり」が得られるか、③相手に対する「事前の理解」があるか。たとえば、対面であれば、すぐに反応が得られる。言葉として返ってこなくても、表情から察することも可能だ。また、旧知の友人のように、相手のことをよく知っていれば、わずかな反応だけでも多くのことを理解することができる。さらに、このような豊かさの程度が、介在するメディア特性によって変わってくる。

たとえば、電話で話しているとき、相手の表情はわからない。会話の印象と、表情とは異なっているかもしれない。どちらに相手の本音があるか、わからない。これが、メールの文面になると、文面の印象と本音とはさらに離れている場合もある。このようなメディア特性による差について、ひと言でいえば対面に近いメディアによるコミュニケーションほど「豊か」だといえる。ただし、豊かなコミュニケーションほど心地よいかどうかは、一概にいえない。

では、「心地よいコミュニケーション」とは、どのようなイメージが浮かぶだろうか。たとえば、友達と夢中で話し込んでいるとき。仕事仲間と休憩中に気兼ねなく雑談をしているとき。しばらく会っていなかった友人から届いた、丁寧な近況報告の手紙を読んでいるとき。テレビで大好きな野球観戦に夢中になっているとき。いろいろ挙げられる。

確かに、友人や仕事仲間の場合は、対面のようなより近い距離でいろいろやり取りするコミュニケーションの方が、心地よさにつながっている。相手の息づかいや、リアルな反応が目の前で感じられると、同じ場を共有している一体感が持て、豊かさにつながる。

一方、手紙や野球観戦の場合は「迅速な反応」はなく、相手との距離も離れているため、豊かなコミュニケーションとはいえない。ただ、この場合の豊かさはほどほどでも、寛ぎながら自分の好きなように情報を受け止めている方が心地よい。

つまり、心地よさは相手との関係次第、状況次第であり、豊かさの程度や距離感を自分の好きなように選択できることだといえる。

コロナ禍後の中で、大切にしたいコミュニケーション

コロナ禍ではネットへの偏りが見られがちであることは、先に触れた。ネットの場合は、さまざまなSNSに象徴されるように便利で多様な機能がある。ただ、送り手中心でまとまりに欠ける情報になりがちである。顔の見えない相手から、大量の励ましをもらっても、心地よさより戸惑いの方が勝るだろう。

ストレスを緩和させるには、受け手の心に寄り添ったものである必要があ

る。そのためには、送り手の心や存在感がしっかり伝わり、同時に受け手の都合を考慮したものであることが望ましいと考えている。特別な用事がなくても、定期的に電話でする雑談なども、心和むものになるだろう。心地よいコミュニケーションには特別のしかけは必要なく、離れていても常に相手を気遣い、ときにさりげない思いやりが相手にしっかり伝わるものであれば十分だと考えている。そして、そのような機会が日々の中で適度に得られれば、心地よいコミュニケーションが実感できると考えている。

2　心地よさの距離感

次に、心地よさについて、コミュニケーションの距離感からさらに考えていこう。

まず、心地よさの基礎となるパーソナル・スペースの考え方がある。さらに、大きく分けて、相手との「一体感」のある心地よさと、逆に近づきすぎず適度な距離を維持できる心地よさの2つがあると、著者は考えている。後者は「つかず離れず」の関係と呼んでいるが、あえて一定の距離を置くことで、安心感や心地よさが得られるイメージだ。

パーソナル・スペースとは

人はコミュニケーションの際、相手次第で心理的な距離感が変わる。親しい人とは、より近い距離で心を開き、コミュニケーションを取りたいと考える。一方、初対面の相手とは、少し身構えつつ、距離を置いたコミュニケーションを取りがちだ。それは、距離感と心地よさが関わっているからである。このことは、経験的にわかりやすいかと思う。

ただ、その人の性格によって異なる場合もある。社交的な人は、さまざまな人と近い距離でコミュニケーションを取るだろう。しかし、人見知りする人は、心許せる人としか近づこうとはしない。よく知らない相手には、警戒心が強く働くのだ。

　このように、周りとの距離とコミュニケーションの心地よさには、一定の傾向が見られる。それは、人それぞれの性格も加味した距離感として現れる。さらに、人は成長に伴い社会経験を積み、人それぞれ変わっていく。心地よさの距離感についても、同様に変わっていくだろう。

　周りとの関係の中で、1人ひとりの心地よさを維持する「なわばり」のような存在のことを「パーソナル・スペース」と、一般に呼ばれている。

　「パーソナル・スペースは、人の体を直接に取り巻く、目で見ることのできない空間領域である。」(渋谷昌三『人と人との快適距離』p.11)

　この空間は、人それぞれ大きさが異なり、その人とともに移動する。まるで、自ら作り出したソーシャル・ディスタンスのようだが、家庭や学校、会社などさまざまな組織の中で、パーソナル・スペースへの配慮が足りない場合は、居心地の悪さにつながる。

　よくギスギスした職場の問題を耳にすることがある。その原因として、仕事仲間同士の意思疎通の悪さや、情報の共有不足など組織内の風通しの悪さがよく指摘される。ただ、職場を心地よく過ごせる場にしていくためには、仕事仲間それぞれのパーソナル・スペースの違いを意識した配慮も考えていく必要がある。何でもオープンにすれば、組織内での関係が良くなるとは限らない。最近の組織では、働く1人ひとりの多様性への理解が求められているように、パーソナル・スペースへの配慮も欠かすことのできない要素だと著者は考えている。

ネット上ではどうなのか

　パーソナル・スペースの考え方は、もともとリアルな関係を前提としたものだ。ネット上での関係を意識した考え方ではない。

　ただ、ネット社会でもある現代では、ネット上での心地よい距離についても、その考え方を応用しつつ、しっかり考えておく必要がある。

　たとえば、InstagramやTwitterなどのSNSでは、匿名（ペンネームも含む）で気軽に投稿できる。人は匿名だと、送り手のパーソナル・スペースは小さく

なり、思いついたことを何でも感情に任せて書いてしまう傾向がある。しかし、受け手のパーソナル・スペースは逆に大きくなり、知らない相手ほど距離を取りたくなるものだ。その結果、送り手と受け手のパーソナル・スペースにアンバランスが生じてしまう。つまり、ときに送り手は意図した以上の言葉を書きすぎてしまう。その結果、受け手は配慮のなさに傷ついてしまうわけだ。しかも、ネット上ではメディア特性から、双方を理解する手がかりがとても限られている。そのため、その内容は誤解も生じやすく増幅される。このような点も、パーソナル・スペースの考え方を応用し、理解することができる。

　SNSでの投稿の多くが、そうだというわけではない。また、メールでも同様なことがいえるだろう。いずれにしても、ネット上での関係の場合は、リアルな関係以上に距離感のアンバランスが生じがちだ。ネット上でも心地よいコミュニケーションを維持するためには、リアルな場以上に受け手のパーソナル・スペースへの配慮を意識する必要があるといえる。

　以上から、パーソナル・スペースとコミュニケーションの心地よさの関係から、わかることは何だろうか。

　それは、人それぞれ性格が異なるように、心地よさに関わるパーソナル・スペースも異なることだ。そして、リアルな場であれ、ネット上であれ、それに対する配慮を怠ると心地よさが壊れてしまう。とくに、ネット上では誰に対しても、気安く近づきすぎてしまいがちだ。また、感情に任せて書きすぎてしまうこともよくある。匿名であることが、それを助長させてしまいがちだ。しかし、お互い心地よいコミュニケーションを維持するためには、常にパーソナル・スペースの存在を意識しておくことが大切だ。そして、コミュニケーションの心地よさは、お互いの距離に対する配慮に支えられていることが、改めてよくわかる。

対面の魅力

　次に視点を変え、「一体感」を伴うような近い距離でのコミュニケーションによる心地よさについて、考えを深めてみたいと思う。

　対面でのコミュニケーションは、人間が最も古くから行ってきたスタイルだ。洋の東西を問わず、祭りや芝居、演劇など、言葉だけでなく表情や身振り手振りなど身体全体をメディアとして、コミュニケーションを行っていた。そして、表情や身振り手振りなどでやり取りできる距離の近さが、大きな意味を持っていたと考えることができる。

　また、同じ場で同じ時を過ごすことが、対面でのコミュニケーションを通して、より関係を深めることにつながる。家族や恋人、親友や仲間など、親しい相手と一緒に過ごす時間は、とても心地よいものだ。そして、「一体感」が生まれる。目の前の相手の喜びが自分のことのように思える距離感が、心地よさには大切である。コミュニケーションで交わす言葉の中身以上に、同じ場で同じ雰囲気を共有していることが必要なのだ。コロナ禍の中では、それまで当たり前に存在したこのような心地よさをなかなか持てず、ストレス過多につながっていた人は多かったのではないだろうか。

　同じ場を共有し、対面で行われるコミュニケーションは、相手の言葉による問いかけだけでなく、表情やしぐさなどを手がかりとしながら言葉を返す。そのときの表情やしぐさ、声のトーンなども同様に相手に伝わり、やり取りが繰り返される。場合によっては、表情だけで十分なときもある。親しい間柄になればなるほど、言葉がいらなくなりがちなことは、誰もが経験していることだろう。

　そして、近い距離でお互いの意思疎通がうまくでき、相互理解が深まっていけば、心地よさも伴ってくる。逆に、相手のことがよくわからず、やり取りもなかなかかみ合わないときは、心地よくない状態が続く。そんなときは、焦らず言葉を尽くし、全身を使って気持ちを伝える努力を重ねることで相互理解が深まり、心地よさは改善していくことだろう。

　対面でのコミュニケーションの魅力は、言葉だけでなく身体全体がメディアになることにあると著者は考えている。表情をはじめ、身振り手振りなどノンバーバル（非言語）なやり取りが多様に使えることで、コミュニケーションは豊かになる。そして、相互理解が深まりやすくなり、さらに「一体感」を伴う

心地よさにつながっていく。

　さらに、具体的に考えてみよう。

　近い距離での心地よいコミュニケーションの代表例は、一緒に美味しい食事をとることだと私は考えている。家族や親しい仲間と囲む食卓は、とても良いものだ。話している内容は、多くが他愛のないことばかりだ。思い思いに食べながら、料理のおいしさだとか、今日学校や職場であったちょっとしたエピソードだとか、今度の休みにはどこそこへ行ってみたいだとか、賑やかに談笑しているイメージが湧いてくる。また、飲食しながらだと舌が軽くなるのか、つい本音を口にしてみたくなることもある。それだけ話すことに、心地よさを感じているからだ。

　いずれにしても、気の置けない相手との会食の場だと話が盛り上がりやすくなるだけでなく、表情やしぐさなども豊かになる。食事を楽しむという共通の場が、それぞれの心と身体を開放し、心地よさをともに作り上げている。対面でのコミュニケーションは、このような「一体感」を伴うコミュニケーションの豊かさが魅力だといえる。

　コロナ禍の中では、会食できる機会がかなり制限された。たまの外食をはじめ、忘年会やちょっとしたお祝いの場も、実施が難しくなった。職場の同僚とは、苦肉の策としてオンライン飲み会が企画されることもあったが、果たしてどれだけ心地よく、満足感が得られただろうか。おそらく場を共有できないことの意味の大きさが、改めて痛感されたと思う。

　対面でのコミュニケーションの難しさにも、簡単に触れておきたい。

　まず、「伝わり過ぎること」だ。たとえば、言葉と表情が矛盾しているとき本音や嘘がばれやすいように、相手のことを読み取る手がかりが多いだけに、思いが伝わりすぎてしまいがちだ。もちろん、お互い素直にやり取りできるのが一番だが、「親しい中にも礼儀あり」といわれるように、お互い少しは配慮することもときに必要だろう。

　さらに「思い込みで誤解されやすいこと」だ。人は外見から先入観を持ちがちである。同じことを話しても、人によって受け止められ方が異なるように、

これもまたノンバーバル（非言語）ゆえの難しさなのだ。他にも難しさがあると思うが、心地よいコミュニケーションには、そのスタイルならではの魅力とともに、難しさも十分意識しておきたい。

「つかず離れず」の不思議な関係

　一方、「つかず離れず」の関係による、その場にいない相手とのコミュニケーションの心地よさについては、どのように考えられるだろうか。「一体感」の場合と比較しながら読んでいただくと、その違いやそれぞれの特徴がよくわかる。

　「つかず離れず」の関係というと、まず手紙の世界がイメージできる。

　対面と同様、手紙の歴史も古く、古代に遡る。奈良時代には、聖徳太子が隋の煬帝に宛てた「日出ずる処の天子、書を日没する処の天子に致す、……」と始まる手紙は有名だ。また、平安朝では貴族が恋文を盛んにやり取りしていた。女御が御簾越しの相手に対して、思いを込めた和歌を贈るイメージである。相手の姿は見えないけれども、手紙を自分の分身として届ける。そこには、さまざまな工夫が凝らされていた。

　それは、相手と直接会わなくても、手紙を通して会話を楽しみ、心を通わせ、心地よさを味わうコミュニケーションである。対面のようにノンバーバルの表現の工夫ができない代わりに、手紙というツールを最大限に活かしていた。紙を厳選し、香を焚きしめ、練りに練った和歌をしるし、程よく咲いた折枝に巻き付けて相手に贈る。それぞれの行為すべてに、意味が込められていた。

　「つかず離れず」の関係を維持するためには、離れていても心をつなぎ止めることのできる工夫が必要なのだ。そして、それがお互いに心地よい工夫であれば、関係は長続きし深まっていく。

心地よい距離感

　対面でのコミュニケーションの心地よさが「一体感」にあるとすると、「つ

かず離れず」の関係には、相手と異なる場で、異なるタイミングで、マイペースにコミュニケーションできる点に心地よさがあると、著者は考えている。

　リアルタイムでやり取りすることは効率的だが、お互いに一定の緊張感を強いることになる。また、ゆっくりと相手の言葉や思いを受け止め、十分考えた上で納得できる返事をするには、それなりの時間がかかる。その時間は、人それぞれ異なる。このように考えると、「つかず離れず」の関係には、自分のペースに合ったゆっくりとした時間が、心地よさにつながっているといえる。

　ゆっくりとした時間以外では、自分にとって必要なタイミングでコミュニケーションできることも、心地よさにつながっている。たまに離れている家族と電話で話すときや、ときどきちょっとした相談に乗ってくれる先輩との会話なども、自分にとって心地よさが感じられるタイミングだといえる。

　また、手紙は送り手の分身であり、「つかず離れず」の関係を維持するためには、離れていても心をつなぎ止めることのできる工夫が必要だと先述した。簡単にいえば、思いも含め「自分らしさ」をいかに表現し、手紙というモノに投影するかだ。そして、多くの私信は手書きだ。字の上手い下手はあるが、手書きの文字にはその人の癖が特徴として表れる。ちょうど書き手の表情と似ているかもしれない。そして、手書きでしたためられた便箋が、相手を思いながら選ばれた封筒に収められ、切手が貼られ、封をされて、しかるべきタイミングで相手に届けられる。これら一連の流れの中に、送り手の「自分らしさ」が込められている。

　一方、受け手は届いた手紙を通して、文面から相手の思いをゆっくりと読み取るだけでなく、手紙というモノに付随した多様なサインを手がかりに、相手のことや手紙に込められた意味を丁寧に想像することができる。さらに、手紙は届いた状態のまま、多くが保管される。そのときの送り手の「自分らしさ」が、タイムカプセルのように埋められるのだ。

　以上のような手紙のさまざまな工夫を踏まえると、「つかず離れず」の関係が心地よいものであるためには、思いを媒介するモノの質の高さが大切だと考えられる。

「つかず離れず」の関係から生まれる心地よさは、対面のような近い距離感での心地よさとは異なっている。相手は、日常的によく会う人である必要はない。昔の同級生や趣味でつながっている知り合い、恩師、文通相手など、いろいろ挙げることができる。そして、必要に迫られてやり取りするのではなく、自分の都合の良いタイミングで久しぶりに電話したり、手紙を書いたり、メールを送ったりするように、旧交を温める感じで十分だろう。

　なかなか対面でコミュニケーションができないコロナ禍のようなときには、会食を楽しむような「一体感」とは異なる心地よさが必要に応じて持てれば、随分気持ちが安らぎ、穏やかになれる。このように、程よい関係を維持できる心地よいコミュニケーションには、それなりの体験の蓄積が必要だ。でも、日常生活の中で自然にそれを持てるようになると、人生はより豊かになっていくと、著者は考えている。

等身大の大切さ

　今まで述べてきたことのまとめも兼ねて、パーソナル・スペースの視点や対面での魅力も含めた、心地よさの背景にある基本的な考え方を深めておこう。

　コミュニケーションには、どのような場合でも送り手と受け手が存在する。そして、送り手に比べると、受け手にはさまざまなケースが考えられる。対面であれば、目の前の相手が存在する。1人とは限らないが、相手の様子が手に取るようにわかる。手紙の場合は、目の前にこそ相手はいないが、手紙というモノが相手の分身として存在している。また、基本的に1対1の関係だ。相手のことは、手紙を通していろいろと想像することができる。

　インターネットやマス・メディアの場合は、どうだろうか。マス・メディアは、新聞であれテレビであれ、不特定多数を対象にしているので、読者や視聴者という存在は多様で曖昧である。具体的に相手のことを想像するのは、かなり難しいだろう。

　インターネットでのコミュニケーションの場合は、さらに悩ましい状況になる。メールやさまざまなSNSの仕組みの向こうにいる相手は多様だ。よく

知っている特定の相手もいれば、不特定多数の場合もあるからだ。一部の相手は知っていても、多くの相手が想像を超える存在になりがちである。さらに、ネットの特徴として、便利さや手軽さ、気楽さなどが強調されることがある。考えてみれば、それらの多くが送り手にとってのメリットばかりだ。

　つまり、インターネットやマス・メディアでのコミュニケーションは、送り手が伝えたいことだけを、一方的に伝えがちになってしまう。相手がどのように受け止めるかは、なかなかわからない。送り手中心の関係なのだ。

　ここで改めて心地よさの視点から考えたとき、「一体感」にしろ「つかず離れず」にしろ、受け手のことを十分意識したものになっている。そして、受け手のことを知り、十分理解できて初めて、送り手と受け手の双方に心地よさが生まれるのだ。

　もちろん、送り手から一方的に届けられるテレビ番組などのコンテンツの中には、受け手にとって心地よいものも一部にあるかもしれない。ただ、送り手には視聴率やアクセス数のような単純化された形でしか、その反応は届かない。

　いずれにしても、心地よいコミュニケーションでは受け手が中心であることが大切にされているため、インターネットやマス・メディアではなかなか難しい関係なのだ。

　さらに、コミュニケーションの質や豊かさから、心地よさに通じる基本的な視点について考えてみよう。

　既に、豊かさの考え方として、相手の①迅速な反応、②多様な手がかり、③事前の理解といった３点から、豊かさを捉えられることに触れた。このことをメディア特性から見ていくと、豊かさの程度では対面が最も高く、ビデオ、電話、手紙、メール、SNS、メモ……とメディアが変わっていくにしたがって、順に下がっていくといわれている。

　では、逆にどの程度以上の豊かさがあれば、心地よさにつながるのだろうか。

　受け手中心に考えてみると、相手が明確に捉えられることがまず必要だ。な

ぜなら、相手の存在がイメージできることで、関係が生まれるからである。ただ、その相手は匿名でも構わない。受け手である自分を理解してくれている相手が、まとまりのある存在として実感できれば十分だろう。あとは、やり取りする内容次第で心地よさにつながる。

　このように考えると、送り手の存在がまとまりのある相手として受け手に感じられるかどうか、この程度が１つの目安になると著者は考えている。上述した順位でいえば、対面から手紙あたりまでが相手をイメージできる範囲ではないだろうか。そして、「まとまりのある存在として相手がイメージできる」程度のことを、著者は「等身大」と呼んでいる。

　メディアがどんどん多様化し、とくにインターネットでのコミュニケーションが日常化している現在、相手が不確かで断片的な情報が溢れている。送り手から切り離された断片的な情報は独り歩きし、受け手を振り回すことが少なくない。その意味でも、心地よさにつながる「等身大」という視点を大切にしたいと考えている。

　コミュニケーションの豊かさについて、少し補足しておきたいことがある。それは、「等身大」の相手のイメージにより近づけていくためには、どうすればよいかである。

　簡単に言えば、豊かさの異なるメディアによるコミュニケーションを重ねていくことで、対面の状況に近づけていくことができる。たとえば、メールと電話を組み合わせてみる。SNSと手紙の両方でやり取りしてみる。このように、それぞれのメディア特性を補完し合うことで、コミュニケーションの豊かさは増していく。

　このような工夫には、手間暇がかかるかもしれない。でも、心地よさが伴うコミュニケーションには、それなりの工夫が大切なのだ。

3　組織での心地よさ

　今まで、身の回りのコミュニケーションの中で、心地よさを考えてきた。次

は視点を職場や学校、家庭など組織に向け、心地よいコミュニケーションにつながる環境づくりや工夫について、考えを広げていきたいと思う。

心地よいオフィス環境とは

　まず、職場のオフィス環境から、著者自らの体験にも触れ考えていこう。

　オフィス環境といっても、組織や仕事の内容、土地柄などにより多様だ。

　著者は、大学教員の仕事をする前に、企業人として20数年のキャリアを持っている。複数の企業で、いろいろな業務を担当してきた。そして、仕事内容に応じて働く場は変わった。高層ビルのオフィス、プレハブ2階建てのオフィス、小さな木造家屋のオフィスなどと、振り返ればいろいろなオフィスでの住み心地が思い出される。企業を退職するときの最後のオフィスは、21階建ての自社ビルの20階だった。眺めが良く、清潔で、実に事務効率の上がるオフィスだった。ただ、勤務していたときは、ゆっくりと外を眺める余裕などなかった。ひたすら担当業務をこなす毎日だった。コロナ禍以前の、多くのサラリーマンの職場とあまり変わらないだろう。

　その企業で最も印象に残っているオフィスは、小さな木造家屋のオフィスである。もともと女学校として使われていた2階建ての古い建物を会社が買い取り、改築した不思議なオフィスだった。内部の構造はほぼ女学校当時のままで、大小さまざまな部屋（教室など）が30室近くあった。そこで取り組んでいた仕事は企画業務だった。一応自分のデスクはあったが、発想を豊かにするために好きなところで仕事をしてもいいことになっていた。一緒に働いていた社員は10数名だったので、使われていないスペースの方が多かった。一見ムダなスペースがたくさんあったが、なぜか当時はストレスもなく、のびのびと心地よく仕事ができていた。そして、最新設備の整っていたオフィスよりもそのオフィスでの日々が、良い思い出として自分の中にしっかりと残っている。

　オフィスで働く場面を想定すると、同じ場で対面により長い時間を過ごすことが前提となる。そして、それに伴うストレスが、人それぞれ生まれる。そのストレスは、場としての心地よさや、リアルなコミュニケーションのあり方に

より左右される。

　心地よいオフィス環境を考えるとき、執務スペースの快適さだけでなく、その職場で誰もが自由に使える息抜きの場所がさりげなく用意されていることが、意外に大切だ。それが、オフィスの片隅にある雑談スペースでも、ちょっとした寛げるソファーだけでも十分かもしれない。

　つまり、職場は仕事の場であると同時に、1日を過ごす生活の場でもあるからだ。過度なストレスがかからず、心地よく過ごせるためには、オンとオフをうまく切り替えられることが大切である。そのときに、オフの場として心地よさにつながる場が必要なのだ。一見ムダなスペースでも、心地よさから見れば「意味のあるムダ」といえる。

　もう1つは、仕事をする場が複数持てると使い分けができ、意外と心地よいものだ。いつもの自分のデスクは、安心できる居場所である。いつものメンバーが周りにいる。コミュニケーションもしやすい環境だ。

　ときには、集中して考えたいとき、1人になれる場が必要だ。また、たまには日頃あまり話すことのない相手と、気軽に雑談できる場もあるといろいろ刺激を受ける。

　著者は、1人で考え事をしたいときは、社内図書館のブースや空いている時間帯の社内のカフェテリアで過ごすことがよくあった。いつものメンバー以外の誰かと話したいときは、社内をうろうろ回り、ちょうどよい相手のいるオフィスの小さな打ち合わせスペースで、雑談することもあった。いずれにしても、対面でのコミュニケーションを活かすには、必要に応じて場を変え、自分からいろいろな相手のところに出向くことが必要だと考えている。大切な点は、自分の意志で自分の居場所が持てることであり、居場所が必要に応じて選択できると、コミュニケーションがしやすくなり、心地よさも増すと考えている。

　ただ、ここ3年以上は、在宅でのリモートワークが必要に迫られて、多くの企業で実施されるようになった。大学でもオンライン授業が多くを占め、授業に限らず自宅で仕事をすることが増えた。

　そこで、既に述べてきた心地よいオフィス環境の工夫を、自宅でも応用できる点がないかについて少し考えてみたい。

　在宅ワークの場合は、それぞれの家庭により仕事に利用できる環境は異なる。ただ、いずれの場合でも仕事のオンとオフの切り替えを、いかにうまく行えるかは共通の課題だろう。在宅ワークでのオンは、いうまでもなくパソコンでの作業やコミュニケーションだ。そして、オフはそれを中断することである。自宅では、時間がムダなく使えるため、やめるタイミングをつい見失いがちになる。時間を決めて意識的にやめ、その代わり家事をしたり、家族と気軽に雑談したりできると、在宅ワークでの心地よさは保たれると考えている。在宅でも仕事仲間とのやり取りだけでは、メリハリがつかない。オフィス以上に時間管理を意識し、しっかりとオフの時間をとることが大切だと考えている。なお、テレワークについては、詳しく後述する。

心地よい組織づくりの工夫

　さらに、組織内の関係での心地よさにつながる工夫について考えていこう。それは、心地よい組織づくりの考え方につながるからだ。

　コミュニケーションには、いろいろな捉え方がある。その中で、組織でのコミュニケーションの基本的な視点として、フォーマル・コミュニケーションとインフォーマル・コミュニケーションがある。会社の場合、何がフォーマル（公式）で、何がインフォーマル（非公式）なのかといえば、仕事に直結するものか、それ以外かで分かれる。

　フォーマルの代表は、「報連相（ホウレンソウ）」だ。どのような仕事でも、組織内では上司と部下がいる。同じ部門の同僚もいる。そして、役割分担に基づき、日々報告、連絡、相談を必要に応じて行いながら、組織として仕事を進めていく。これが、無理なく行われている組織は、「風通しのよい職場」といわれる。

　一方、インフォーマルの場合は、仕事や役割というよりも、職場での人間関係に直接関わる。よく例として挙げられるのは、ランチ仲間だ。一緒にランチ

をとる相手は、同じ職場仲間とは限らない。同期入社の社員同士だったり、同じ趣味仲間だったりといろいろである。気軽に会話を楽しみながら、仕事でのストレスを緩和する大切な関係だ。

　組織が心地よく運営されていくためには、どちらのコミュニケーションも大切だ。一見、インフォーマルは不要な感じがするかもしれない。しかし、生活の場として組織を捉えれば、仕事のことだけを終日考え続けるわけにはいかないし、現実的に不可能だろう。

　そのためには、オンとオフをしっかりと切り替えていくことが大切なのだ。また、職場でうまくいっていないと、職場外の人に悩みを打ち明けたくなることもあるだろう。

　いずれにしても、フォーマルとインフォーマルのバランスがうまく保たれていると、「潤いのある職場」となる。逆に、フォーマルばかりが強調されすぎると、「ギスギスした職場」になるとよくいわれる。

組織風土づくりの工夫

　では、風通しのよい職場にするためのコミュニケーションの工夫について、引き続き考えていこう。

　組織には共通した仕事の目的があり、ルールがある。それを踏まえて、日々の業務が行われるが、習慣的に行われているやり方により、その組織らしさが風土として定着していく。たとえば、朝礼1つとっても、形式的なことにこだわりすぎると、中身よりも形式を重んじる雰囲気が職場に生まれていく。一方、形式に囚われず、メンバーが自由に発言でき、私的なこともときには話題に乗せられるような朝礼だと、立場を越えて率直なコミュニケーションがしやすい雰囲気ができてくる。

　そこで、ユニークな朝礼を事例として紹介してみよう。

　徳島県にある西精工という部品メーカーの朝礼は、毎朝50分間、部署ごとに行われている。最初に全体への連絡事項が伝えられると、次に対話の時間が始まる。くじ引きで決められた数名のグループごとに、会社の理念から選ばれ

たテーマについて、自分の仕事や日常の出来事を交えながら話し合う。そして、一定の時間の後、グループごとに代表者が順に発表を行い、全体で共有する。これで終わりではない。さらに、司会者が発表内容を深掘りするため、ランダムに指名し意見を求めるのだ。

　このような朝礼を日々行うことで、その日の担当業務を始める前に、積極的にコミュニケーションをとり、考える習慣が社員それぞれに身につくだろう。そして、風通しのよい組織風土が定着していく。同社は、社員満足度がとびぬけて高く、数々の賞に輝いているそうだ。

　朝礼というと、退屈な場で、効率を重視する仕事環境では、ムダだと考える組織もあるだろう。しかし、コミュニケーションの点では、やり方次第で組織風土づくりにつながる大きな可能性を秘めている仕掛けだと、著者は考えている。

タテ・ヨコ・ナナメの関係

　組織でのコミュニケーションを、相手との関係からも考えてみると、心地よさにつながる工夫が考えられる。一般に、職場は上司と部下のタテ、同僚のヨコの関係から成り立っている。目の前の仕事に直結することであれば、それで十分かもしれない。ただ、ナナメの関係が加わることで、関係に深みが増す。ナナメの関係とは、現在の仕事に直接関係はしていないが、必要なときに気軽に相談ができる相手だ。たとえば、趣味仲間の先輩や、可愛がってくれたかつての上司などがイメージできる。職場に馴染めない悩みや、将来のことなど、相談相手になり気軽に受け止めてくれる存在なのだ。以前は、独身寮の先輩や社宅の友達なども該当しただろう。

　タテ・ヨコの関係は一体感を求める傾向が強いとしたら、ナナメの関係は「つかず離れず」の距離感で、異質なつながりでもある。自分から仕事の場を必要に応じて選択できるように、相談相手もいろいろ選択できると、ストレス過多にならずに済み、組織での心地よいコミュニケーションにつながる。

　以上のように、組織でのコミュニケーションは、インフォーマルなやり取り

や風通しのよい組織風土、そしてタテ・ヨコ・ナナメの多様な関係が持てることで、心地よさも増す。このような考え方は、家庭や学校でも応用できる点が少なからずあるだろう。

コミュニティとしての心地よさ

　さらに踏み込んで、職場などの組織をコミュニティ（共同体）として捉えたとき、職場の魅力や帰属意識を高めるようなコミュニケーションの工夫を、考えてみたい。

　まず、コミュニティをイメージする上で、組織の風土と文化の違いについて押さえておこう。

　「組織風土は、組織という生活環境に対する認知が成員間で共有された状態であるのに対し、組織文化は、この認知をもとに意図的につくり出され獲得された価値観や行動パターンが、成員間で共有された状態であるという点で異なる。」（『産業・組織心理学ハンドブック』p.225）

　少し硬い表現で、わかりにくいかもしれない。簡単にいえば、組織風土はメンバーが組織に対して抱いている共通のイメージにすぎない。明るく自由な組織イメージもあれば、暗く堅苦しい組織イメージもある。良い悪いではなく、多くのメンバーが抱いている共通のイメージなのだ。

　一方、組織文化の場合は、組織の意思として「こうありたい」という思いや考えを、価値観としてメンバーが共に抱いていることを意味している。だから、組織風土は自然に生まれてくる環境であり、組織文化はメンバーの意思を反映した、自ら意図して生み出したものである。

　つまり、組織でのコミュニケーションにさまざま知恵と工夫を重ねることで、自分たちが求めている組織文化が築ける。そして、組織文化が確立した組織がコミュニティなのだ。

コミュニティとしての組織

　組織には、いくつかの顔がある。既に、組織が働く人にとって仕事の場であ

ると同時に、生活の場でもあることに触れた。さらに別の視点として、組織を機能的な集団という側面と共同体としての側面に分けて考えてみよう。

　機能的な側面は、目標達成に向けて最適な役割分担を行い、それぞれが与えられた役割をしっかりとこなすことで組織に貢献する点が特徴だ。どの程度貢献できたかで、組織から評価され、それぞれの役割が変わっていく。情報を適切に共有し、合理的な判断を行えるようなコミュニケーションが求められる。

　一方、共同体としての側面は、何よりもメンバー同士の精神的なつながりが大切にされる。情報を共有するだけでなく、同じ仲間として共感できることが求められる。一般的な家族のつながりをイメージすれば、わかりやすいだろう。

　各メンバーが、その組織に所属している実感を得るためには、共同体としての側面を強調したイベントなどが定期的に行われることが必要だ。そして、それらが定着することで、組織としての一体感を通して、心地よさも感じやすくなるといえる。

　では、ある具体例を見てみたいと思う。

　ネットビジネスで成長を続けているサイバーエージェントは、1998年創業の若い世代の多い企業だ。同社には、シャッフルランチという制度がある。それは月に1回、普段業務であまり接点のない社員同士数名で、ランチを食べながらコミュニケーションする場が設けられている。費用は1人2500円まで、会社で負担してもらえる。ランチとしては、わりと豪華な食事ができるだろう。

　ねらいは、福利厚生だけでなく、よく知らない社員同士のリアルなコミュニケーションを促進することである。仕事から離れ、社員同士が相互理解を深めたり、人間関係を広げたりできる。この企画の良いところは、ランチであれば業務時間内にでき、お酒を呑めない人でも楽しめることだ。終業後だと時間が取れない子育てママや、呑み会が苦手な人も参加できる。そして、何よりもインフォーマル・コミュニケーションを通して、無理なく社員同士の交流が図れる。

　同社は、創業から5年ほど急成長する中、社員の離職率の高さが大きな課題だった。しかし、社員を大切にする企業文化を目指そうと、経営方針を転換してから同社は大きく変わった。現在までさまざまな試みを行っているが、シャッフルランチはその一例にすぎない。

　ともかく、企業文化を醸成する中で、離職率が劇的に低下するだけでなく、社員の仕事へのモチベーションも向上し、業績も順調に伸びている。

　組織文化を通して感じる心地よさは、意図して作り出された価値観や行動パターンへの共感だ。そして、共有する者同士の一体感である。

　ただ、その共感や一体感は、社員全員で何かを唱和するだけでは得られない。定期的なイベントや習慣的な行動パターンに伴うコミュニケーションの中で、初めて得られるものなのだ。従来、組織ではパーティや旅行、運動会、セレモニーなどが年中行事として行われてきた。それらは、時代の流れの中でいろいろカタチを変えながら、現在も残り続けている。

テレワークの今後

　組織でのコミュニケーションの最後に、テレワークについて補足しておきたいと思う。この取り組みは、学校で広がっているオンライン授業にも共通する点が多くある。

　まず、テレワークの基本的な理解について押さえておこう。

　日本テレワーク協会のウェブサイトによると、「テレワークとは、情報通信技術を活用した、場所や時間にとらわれない柔軟な働き方のこと」だとされている。また、テレワークのスタイルには、①在宅勤務（自宅を就業場所にする）、②モバイルワーク（移動中どこでも仕事ができる）、③サテライト／コワーキング（指定された最寄りの場所で働く）、④ワーケーション（リゾートも兼ねた地域を就業場所にする）に分けられている。日本では、大手企業で研究職など職種を絞り1980年代から試行錯誤しながら、テレワークが取り組まれてきた。実は、取り組みの歴史が結構古いのだ。

　コロナ禍の下では、感染予防のため専ら在宅勤務が奨励されている。ただ、

本来の考え方に立てば、テレワークは在宅勤務に留まらず、組織や働く人にとって望ましい働き方として、場所や時間にとらわれない柔軟な働き方をいろいろ見出していくことにあるわけである。要は、従来の「決められた時間に指定された場所で全員が一緒に働くスタイル」を、より働きやすい環境になるよう積極的に現状を見直し、取り組んでいこうという考え方が背景にある。

　次に、在宅勤務を中心にテレワークのメリットとデメリットを、コミュニケーションを意識しながら考えてみよう。

　在宅勤務の場合は、通勤時間が無くなることで身体への負荷が減り、時間の有効活用ができる点が、最も大きなメリットだといえる。そして、仕事に関わる情報量は、フォーマルなものを中心にかなり絞られると思われる。他のメリットとしては、家庭での会話が増えるだろう。一方、職場とのやり取りはオンラインを通じて必要最小限に留められるので、だらだらと会議をするような無駄は減ると考えられる。

　では、デメリットはどうだろうか。何よりも、職場での仲間との対面機会や会話が減る。仕事は個人ワークと情報共有が中心となり、一緒にアイデアを出し合うことがしづらくなる。そして、何よりも雑談などインフォーマル・コミュニケーションがほとんどなくなる点が大きい。つまり、仕事の機能面はある程度満たされる一方、組織の人間関係に伴う情緒面は不足しがちになると考えられる。

　心地よさの視点からいえば、「つかず離れず」の関係の心地よさは感じられるのに対して、「一体感」を伴う心地よさはかなり希薄になる。このことをプラスとして受け止めるか、マイナスとして受け止めるかは、それぞれの従来の職場のあり方によるだろう。

　たとえば、常に密な関係を求められ、非効率な会議が目立つような職場であれば、在宅勤務は心地よく、ストレス解消の場になる。個人ワークもきっとはかどるだろう。

　一方、職場の風通しが悪く、同僚がお互いなかなか打ち解けない職場であれば、在宅勤務により組織内の人間関係は、さらに希薄になるかもしれない。情

報共有の不足が目立ち、かえってストレスが増すイメージが湧く。場を同じくし対面でやり取りしながら、協力関係が醸成されるような職場環境づくりが、その職場には何よりも求められている。

　つまり、テレワークの心地よさは一概にいえず、今までの職場風土次第で良い方にも悪い方にも作用すると考えられる。

　ともあれテレワークは、コロナ禍が顕在化した2020年に急速な広がりを見せた。総務省の「令和2年通信利用動向調査報告書（企業編）」によると、7割程度の企業が「テレワークの効果があった」と答えている。

　テレワークの今後の見通しは、コロナ禍の状況にもよるが、いくつかの調査結果を眺めていると、適用できる職種であれば導入がさらに広がると考えられる。その際、対面とオンラインのバランスが試行錯誤される中で、一定のスタイルに落ち着くだろう。

　なぜなら、積極的にテレワークを導入している企業事例を見てみると、家事や育児、介護などワークライフバランスに有効であり、多様な人材の活躍への支援にもつながることが示されているからだ。（参考「令和3年度テレワーク推進企業等厚生労働大臣表彰　事例集」）

　令和3（2021）年度優秀賞に輝いた富士通株式会社では、働き方の中でテレワークと対面利用の仕分けが明確になりつつある。それは、ソロワーク（個人で集中し行う仕事）は自宅かサテライトオフィスで行い、一方これまでのオフィスでの仕事は、社内外の人と一緒に創造的な仕事をするためのコミュニケーションの場へと位置づけし直され、それに合わせたオフィスデザインに改装され始めているようだ。

　このようなテレワークについての動向を見ていると、今後の仕事でのコミュニケーションは働く人への配慮と、時間と場所の有効活用による生産性向上が意図されていることがよくわかる。そして、これからの仕事はテレワークの方向へも対面ワークの方向へも、単なる機能性や効率性だけではなく、心地よいコミュニケーションの実現に向けた工夫が、さらに求められていくだろう。

4　コミュニケーションのバランスと時間感覚

　本章のまとめとして、今まで述べてきたことを踏まえつつ、さらに大きな視点から心地よいコミュニケーションに関わるバランスや時間感覚との関わりについて、考えてみたい。

さまざまなバランス

　まず、コミュニケーションに関わるバランスには、どのようなものがあるだろうか。

　先に扱った「対面とオンライン」、職場での「フォーマルとインフォーマル」、生活における「オンとオフ」など、いろいろある。「対面とオンライン」では、基本的に1人で行える仕事であればオンラインで十分だが、アイデア会議のような場ではやはり対面で自由にディスカッションできることが望ましいだろう。「フォーマルとインフォーマル」では、仕事に集中し効率よく進めていく側面と、効率よりも職場仲間と良好な人間関係を築いていく側面がある。コインの裏表のように、切り替えにメリハリが求められる。また「オンとオフ」では、まさにワークライフバランスが保たれていないと、仕事か生活のどちらかに支障をきたす場合がある。それぞれの場で行われるコミュニケーションの質も随分異なるだろう。

　コミュニケーションに関わるバランスで大切なことは、前提としてどちらも必要なことだ。どちらか一方だけを重視すると、もう一方は貧弱なものになってしまう。さらに、そのバランスには決められた比率があるわけではなく、人それぞれ最も相応しいと感じる比率でバランスがとれれば十分だと著者は考えている。たとえば、「対面とオンライン」の比率は、職種によって異なるだろう。世代により違いがあるかもしれない。しかし、対面が苦手だからといってオンラインでの仕事ばかりやっていると、相手の微妙な反応に適切な対応をとることが、ますます難しくなっていく。ときには、直接相手に気持ちを込めた声掛けや、相手の言い分にしっかり耳を傾けることが必要かもしれない。いつ

ものように LINE で簡単なメッセージをやり取りするだけではなく、たまには対面で相手と時間をかけて対話し、お互い納得できる結論に辿り着けることも必要だ。ただ、それができるにはそれなりの試行錯誤と経験もまた必要なのだ。

　では、コミュニケーションに関わるバランスは、コミュニケーションの心地よさとどのように関わるのだろうか。

　1つの視点は、ストレスがいかに軽減されるかだ。フォーマルなコミュニケーションの中で追い込まれすぎたとき、気兼ねなく同僚と雑談ができるようなインフォーマルなコミュニケーションが都度とれていると、ほっと一息がつける。このように、ストレス過多にならない調整機能として、異質なコミュニケーションによるバランス調整が大切だ。そして、どのようなバランスが自分にとって最も合っているかは、経験の中でそれぞれ見つけていくしかない。

　もう1つの視点は、身体への負担がいかに軽減されるかだ。改めて冷静に考えてみると、コミュニケーションはどのようなものであっても、自分の身体が生み出し受け止めているものばかりだ。対面であろうが、オンラインであろうが、自分の肉体を駆使し五感を働かせ、誰かとやり取りしているわけである。つまり、心地よいコミュニケーションは、身体を通して行われているからこそ、身体への負担が一定以上にならないように、常に配慮する必要がある。

　もちろん、心へのストレスと身体への負担は重なる部分が多くあるだろう。ただ、近年スマホの使いすぎにより、とくに若者の間で目の機能が悪化したり、首下がりにより姿勢が不自然になったりすることがよく指摘されている。だから、単なる使いすぎによるストレス過多だけでなく、身体機能への過重な負担にも十分注意を払う必要がある。

バランスの良いメディアの使い分け

　さらに、メディアの使い分けにもバランス感覚が必要だ。なぜなら、それぞれのメディアには、メディア特性の強みと弱みがあり、それを踏まえて適切に使い分けることで、相手との心地よいコミュニケーションがとりやすくなるか

らだ。

　たとえば、できるだけ近い距離感で「一体感」を伴う心地よさを得たい場合は、対面や電話で直接話すような、相手の存在が実感しやすいコミュニケーションが望ましいだろう。コロナ禍の下では、いくらオンラインでやり取りを重ねていても、何かもの足りなさを感じてしまうのは、対面や電話のように相手からの生の反応がリアルに感じられるメディアではないからだ。

　一方、相手と一定の距離を置きながら、気軽にやり取りするには SNS が良いだろう。さらに、より時間をかけて丁寧に気持ちを込めたやり取りをする場合は、手紙が相応しいと考えられる。それぞれのメディアにより、発揮できる良さが全く異なるからだ。

　いずれにしても、心地よいコミュニケーションを行うには、相手や時と場合に応じてそれに相応しいメディアを適切に使い分ける必要がある。相手に感謝を伝えるには、どのメディアが良いのか。逆に、謝罪する場合に最も相応しいメディアは何か。告白するときには、どのようなメディアでないと相手にうまく伝わらないのか、など。いろいろなケースがイメージできる。

　そして、どのようなメディアを使い分けるかは、経験を重ねる中でバランス感覚を学びながら、時間をかけて身につけていくしかない。くれぐれも、便利で楽だからといってスマホばかりに頼ってしまうような、バランスを欠いたメディア偏重にならないよう日々気をつけたいものだ。

心地よいスローな時間

　さらに、心地よさと深く関わるコミュニケーションと時間の関係について、最後に深く考えてみよう。

　ネット社会になって、はや四半世紀が過ぎた。日頃、コミュニケーションに敏感な大学生たちの様子を見ていると、スマホがコミュニケーションの中心になったかのような錯覚を覚えるときがある。傍らに友達がいても LINE でやり取りをし、スマホを見せ合いながら Instagram の話題に盛り上がっている。ニュースは Twitter で知り、暇があると YouTube を見ている。それらのコ

ミュニケーションの特徴は、いずれも情報スピードが速いことだ。そして、短文、短時間で表現されたものが多いことである。

つまり、ファストフードのような切り取られた時間が、1日中次々と流れている。もちろん、スマホで手軽に情報が得られたりやり取りできたりすることは、便利なのかもしれない。ただ、あれだけ玉石混交の情報の流れに思考がついていけるのか、また身体がついていけるのか、そして気持ちがついていけるのかが心配になる。

逆にいえば、ここ四半世紀で失われてきたものは、ゆっくりと思考を巡らし、相手を理解しつつコミュニケーションをとり合うようなスローな時間だと、著者は考えている。LINEで返事が来ないことにイライラしたり、時間があれば精神安定剤のように常にスマホばかり眺めていたりするコミュニケーション・スタイルは、心地よいコミュニケーションからほど遠いものに思える。

時間を味わう感覚

では、現状には何が足りないのだろうか。そこで、時間の2つの捉え方から考えてみたいと思う。

時間には、一般にクロノスとカイロスという捉え方がある。クロノスは、時計が規則正しく時を刻むように、過去から現在、未来へと時間が流れていく時間の捉え方だ。規則正しい時間の中では、より早くより効率的に物事を進めようとするときに、重視される捉え方といえるだろう。一方、カイロスは時間の流れではなく、特別な時を意味している。会いたいと思っていた人にようやく会えたときに過ごす時間や、苦労の末大きな目標を成し遂げたときに感じる充実感のような、人生の中で特別な瞬間をイメージするとわかりやすい。カイロスは、規則的に訪れるわけではなく、その人のライフスタイルに応じて来るべきときに、突然やって来るのだ。

心地よいコミュニケーションの視点から考えたとき、クロノスの時間の中でサクサクと情報がやり取りできる気持ちよさもある。しかし、特別な瞬間の時

間が味わえることの方が心地よさの質が高く、内容も濃く感じられる。そして、カイロスの時間を感じやすいのは、対面により「一体感」が得やすいコミュニケーションの場面や、相手を思いやりお互い心を込めたやり取りができるスローなコミュニケーションが行われるときだ。だから、心地よいコミュニケーションを心がけるには、ファストよりスロー、効率よりも特別なその時を待ち望むことが大切なのだ。それは、時間をゆっくり味わおうとする感覚だともいえるだろう。

文通のたしなみ

　それでは、ネット社会の現在、どのようにすれば心地よいスローな時間を味わえるコミュニケーションが身につけられるのかについて、最後に考えてみよう。

　私は自らの体験も踏まえ、昔ながらの手紙をやり取りする「文通」が最も相応しいと考えており、お勧めしたいと思っている。ネット社会とはいえ、明治時代以降の郵便制度は今なお健在である。ダイレクトメールを除けば、昭和30年代が最も盛んに手紙（私信）がやり取りされていたが、ここ3年以上にわたるコロナ禍以降、文通人口は伸び続けている。日本郵便が運営している「青少年ペンフレンドクラブ」や、匿名で文通ができる「文通村」は有名だが、ネット世代であるはずの20〜30代の女性を中心に、新たに文通を始める人が目立っている。

　手紙のやり取りには、意外に多くのメリットがある。まず、相手が明確なので、相手をしっかりとイメージしながらメッセージを考えることができる。また、自分の思いを自分の考えるペースで綴ることにより、頭の中を整理することができる。文面などを手書きにすることで、その人らしさや思いが相手に伝わりやすくなる。そして、タイミングを見て相手に送り、相手からの返事を待つ時間ができる。やり取りのペースは、月に1、2回が一般的だろうか。

　文通により生み出されたコミュニケーションの時間は、多くがゆっくりと考える時間であり、身体を使って文字を丁寧に書く時間だ。そして、相手からの

返信を待つ時間である。気持ちを込めて手紙を書くこと自体に喜びが生まれ、相手からの返信を受け取るときは、まさにカイロスの時間だ。一説によると、手紙を書いたりもらったりするとき、幸せホルモン（オキシトシン）の分泌が増えるとの研究結果もある。

　先に、コミュニケーションのバランスの大切さについて述べた。デジタルによるネット社会だからこそ、スローで深いコミュニケーションができるアナログの手紙を併用することで、多くの人たちのコミュニケーション全体のバランス調整を、心がける必要があるだろう。手紙を書くことに対し、「面倒で時間がない。」という声が聞こえてきそうだが、それこそバランスが偏重しかけている証しのように、著者には思える。

　「心地よいコミュニケーション」をテーマに、身の回りや組織でのパーソナル・コミュニケーションの考え方を踏まえ、まとめてみた。

　何よりも大切なことは、ご自身が理解したことを日常の場でそれぞれ応用してみることである。是非、日頃からコミュニケーションを意識し行動することを心がけてほしい。きっと気づくことはたくさんあると、著者は考えている。

課題と回答例

課題①

　あなたは、どちらかというとコミュニケーションは得意な方ですか。それとも苦手な方ですか。その理由とともに、200字以内で述べてください。

※回答例

　私は苦手な方です。とくに、電話で話すことが苦手です。なぜなら、相手の表情が見えないため、言葉のニュアンスがつかみにくいからです。また、聞き取りやすい声とそうでない声があるため、聞き漏らすことがよくあります。さらに、初めての相手に電話をする時は緊張しがちです。そのため、言葉がスムーズに出てこないことがあり、伝えたいことが上手く伝えられない場合が珍しくありません。だから、かけるのも受けるのも苦手です。(200字)

課題②

　あなたが、コミュニケーションによって大きな影響を受けたといえる体験について、200字以内で詳しく紹介してください。

※回答例

　私は小学生の時、遠くに転校した親友からもらった手紙が、今も忘れられない思い出となっています。彼とは、毎日一緒に遊んでいました。彼は仲のよい家族の1人っ子でしたが、突然ある日いなくなりました。1週間ほど後、担任の先生から彼が引っ越したと説明がありました。その後に届いた彼からの手紙によると、両親の離婚が原因でした。いつも屈託のない彼の笑顔の奥には、深い苦悩があったのです。彼への見方が変わりました。(198字)

課題③

　コミュニケーション・マップの視点から、メールでコミュニケーションするときの情報の質について、200字以内で詳しく説明してください。ただし、添付ファイルはないものとします。

※回答例

　メールでのコミュニケーションについて、3つの点から説明する。まず、相手からの反応は迅速に受けることができる。しかし、相手の手がかりについては、主にメール形式に従ったテキストデータに留まるため、メール文面の内容次第となる。そして、個人的に既知の相手であれば、多くの内容が文面で示されなくても、他のメディアと同様、送り手の意図は伝わりやすい。だから、メールでは手がかりの少なさが弱点といえる。(195字)

課題④

　あなたが「カイロス」を実感したことのあるコミュニケーションには、どのようなものがありますか。その状況について、200字以内で詳しく述べてください。

※回答例

　大学時代の恩師が定年を迎えるにあたり、第一期のゼミ生が久しぶりに集まることになった。海外勤務のゼミ生は不参加だったが、国内のゼミ生は全員集まることができた。約30年ぶりに再会した恩師やゼミ生の顔は、時間の経過を十分感じさせるものだった。しかし、30年ぶりに復活したゼミでの会話は、懐かしさに満ち、時間を忘れるひと時だった。まるで、大学時代のゼミに戻った感じがした。まさにカイロスを実感した時間だった。(198字)

課題⑤

　あなたが、対面コミュニケーションで、とくに苦手と感じる部分について、200字以内で詳しく述べてください。

※回答例

　私は初対面の人と、対面でコミュニケーションするのが苦手です。それは、相手のことをある程度知らないと、どのように話したらよいか不安になってしまうからです。また、緊張すると頭の中が真っ白になりやすく、適切な言葉が出てこなくなります。今から就活での面接のことを考えると、憂鬱になります。このような苦手意識を克服するには、経験を積むしかないと思っていますが、正直気が重いと感じてしまいます。(191字)

課題⑥

　手紙を活用すると、なぜ本音が書きやすくなるのでしょうか。あなたの考えを200字以内で、詳しく述べてください。

※回答例

　手紙は、心の中でゆっくり時間をかけて考えたことを、自分らしく表現することができるメディアです。また、内容は納得いくまで、何度でも書き直すことができます。相手については、ある程度想定できるイメージがあり、とくに手紙を何度かやり取りしている相手とは、一定の信頼関係が成立していると考えられます。だから、誤解されることなく伝えられる内容の幅が広くなり、自分の本音をストレートに書けると考えられます。(196字)

課題⑦

　あなたが、日頃行っているSNSコミュニケーションで、工夫していることと苦労していることについて、200字以内で詳しく述べてください。なお、SNSはどのアプリかを明確に示すこと。

※回答例

　私が日常的によく使うのは、Twitterです。いろいろな情報収集に役立てています。利用する際に工夫していることは、とくに気になる情報は情報源がどこかを確認

しています。また、良い情報に気づいたからといって、すぐに拡散しないようにしています。一方、苦労していることは、情報の流れが速いため、読んでいるつもりでもなかなか頭の中に残らないことです。しっかり記憶にとどめるには、こまめにメモを取る必要があります。(198字)

課題⑧

あなたが、パーソナル・コミュニケーションの使い分けで、日頃から工夫していることは何ですか。とくにない人は、SNSコミュニケーションでの失敗した体験について、200字以内で詳しく述べてください。

※回答例

私は、親友とはいつもSNSでやり取りしている。ただ、相手の誕生日やちょっとした特別な時は、手紙を送ることにしている。なぜなら、いつもとやり方を変えることで特別感が出ると思うし、手紙のように形に残るものは思い出になるからだ。その親友とは、小学校から関係が続いているが、相手も同じように考えてくれて、特別な時には手紙をくれる。これからは、親友に限らず親しい人には、特別な時には手紙を送ろうと考えている。(198字)

課題⑨

あなたが、「お礼」をするときに気をつけていること、および「お詫び」をするときに気をつけていることは何ですか。理由も含めて200字以内で詳しく述べてください。

※回答例

私は、お礼をするときに必ず何かを添えて、気持ちがしっかり伝わるようにしています。直接会える時は、品物とお礼の言葉を伝えます。直接会えないときは、品物に手紙を添えています。お詫びの場合は、早く直接会ってお詫びすることを基本にしています。直接会えないときは、まず電話でお詫びした上で、後日会うか、手紙で詫び

状を送るようにしています。お礼もお詫びも、メールやSNSを使わないよう心がけています。（193字）

課題⑩

　あなたが、結婚したいと思う相手に、どのようなプロポーズの仕方が望ましいと考えているか、200字以内で詳しく述べてください。

※回答例

　私は、相手と初めて会ったきっかけの場所に一緒に出かけて、直接口頭でプロポーズしたいと考えています。なぜなら、やはり出会いは大切なもので、原点に返る意味を相手と共有したいと思うからです。また、口頭で伝えることにこだわるのは、相手の立場で考えれば、特別な事情でもない限り、これから一緒に過ごす相手に対し、他のメディアで間接的に伝えることは失礼な気がするからです。人生の中で特別な時だと考えています。（197字）

課題⑪

　あなたが、時間をかけて相手と対話するときに、特に気をつけていることにはどんなことがありますか。具体的な例を挙げて、200字以内で詳しく述べてください。

※回答例

　私が対話する場面でイメージするのは、ゼミで議論する時です。通常は、5人程度での議論になります。内容は、誰かが発表したものに対して、それぞれの意見をぶつけ、内容を深めていきます。気をつけていることは、それぞれの意見をしっかり聴き、理解することです。自分の言いたいことばかり言っていると、主張が並ぶだけでなかなか深まりません。また、自分が司会をする時は、発言者のバランスをとるよう心がけています。（196字）

課題⑫

　あなたが、普段のコミュニケーションの中で、とくに優先しがちなメディア特性はどのようなものですか。具体的な場面を示しながら、200字以内で詳しく述べてください。

※回答例

　私は時間をかけて、ゆっくりとコミュニケーションすることを大切にしています。具体的には、文通相手と手紙のやり取りを定期的にしています。自分が日々考えていることや、相手が紹介してくれる日々の出来事について、時間をかけて考え、丁寧に文章化し、返事を作成しています。手紙をやり取りしていると、相手の生活体験に自分も参加しているように感じられ、相手の存在が自分にとってなくてはならないものに思えてきます。(197字)

課題⑬

　あなたが、あえて等身大を意識したコミュニケーションをとったときは、どのような場面でしたか。具体的に、200字以内で詳しく述べてください。

※回答例

　私は学生時代に遠距離恋愛をしていました。なかなか会うことができず、もどかしい思いをしていました。毎日LINEでコメントをやり取りしていましたが、たまには電話で話したり、慣れない手紙も書いたりしていました。いろいろなメディアを使うことで、それぞれの内容を補足できるなど、等身大の自分が上手く伝えられたと考えています。また、この経験のおかげで、電話で話したり、手紙を書いたりすることが好きになりました。(196字)

課題⑭

　あなたが、信頼関係を築くために、日頃から心がけていることは何ですか。また、今後パーソナル・コミュニケーションで、とくに意識していきたいことは何ですか。

合わせて、200字以内で述べてください。

※回答例

　私はどんなメディアでも、返事をするとき自分なりの締め切りを設定しています。たとえば、LINEは1時間以内、メールはその日中、手紙は1週間以内などです。あくまでも原則ですが、締め切りを設定しないと、つい忘れてしまうことがあるためです。また、相手もいつもと違うと、気にかけてくれます。パーソナル・コミュニケーションは、締め切りのように相手のためにできることを、常に意識していきたいと考えています。(194字)

※期末レポート課題

　今回の講座全体を通して、パーソナル・コミュニケーションが上達していくためには、どのようなことが大切だと考えますか。また、あなた自身が今後とくに力を入れていきたいメディアは何ですか。その理由とともに、詳しくまとめてください。

（合わせて1000〜1200字）

　※回答例省略

■参考文献・資料

第1章

植村勝彦・松本青也・藤井正志『コミュニケーション学入門』ナカニシヤ、2000 年

岡部朗一「コミュニケーションの定義と概念」橋本満弘・石井敏編『コミュニケーション論入門』桐原書店、1993 年

宮田穣『協働広報の時代』萌書房、2012 年

宮田穣『昭和 30 年代に学ぶコミュニケーション』彩流社、2016 年

宮田穣『組織に効くコミュニケーション』彩流社、2017 年

宮田穣『ネット時代の手紙学』北樹出版、2019 年

宮田穣『文通びと』日本橋出版、2021 年

河合俊雄『100 分 de 名著　ミヒャエル・エンデ　モモ』NHK 出版、2020 年

岸眞理子『メディア・リッチネス理論の再構想』中央経済社、2014 年

岩村太郎「二つの時間意識〜カイロスとクロノス」(『恵泉女学園大学紀要』第 20 号)、2008 年

第2章

総務省情報通信政策研究所「令和 3 年度情報通信メディアの利用時間と情報行動に関する調査報告書」2022 年

J・ナヴァロ、M・カーリンズ、西田美緒子訳『FBI 捜査官が教える「しぐさ」の心理学』河出書房新社、2010 年

マジョリー・F・ヴァーガス、石丸正訳『非言語コミュニケーション』新潮社、1987 年

第3章

松本遥尋『きちんと伝わる お礼とお詫び 書き方・文例事典』大泉書店、2005 年

中島義道『〈対話〉のない社会』PHP 新書、1997 年

終章

瀬戸内寂聴『愛に始まり、愛に終わる　瀬戸内寂聴 108 の言葉』宝島社、2021 年

NHK「クローズアップ現代+」+「知るしん」制作班『樹木希林さんからの手紙』主婦の友社、2019 年

特別講義

渋谷昌三『人と人との快適距離』NHK ブックス、1990 年

産業・組織心理学会編『産業・組織心理学ハンドブック』丸善、2009 年

総務省「令和 2 年通信利用動向調査報告書（企業編）」2020 年

厚生労働省「令和 3 年度テレワーク推進企業等厚生労働大臣表彰〜輝くテレワーク賞〜事例集」2021 年

あとがき

　パーソナル・コミュニケーションという言葉は、一般的にはあまりなじみがない。会話であれ、手紙であれ、SNS であれ、それぞれ単独でまとまりを持ち成立しているからだ。どちらかというと、マス・コミュニケーションと相対する言葉として、成立しているような気がする。

　ただ、その中身を見ていくと、誰もが日々の生活の中で関わっているコミュニケーションばかりであり、それらをまとめて扱おうとすると、他の言葉が思いつかない。

　また、勤務校の大学で担当しているゼミナールでは、最近学生たちからパーソナル・コミュニケーションについて学びたいという声が、たびたび聴かれるようになった。彼らは 21 世紀生まれで Z 世代と呼ばれているが、スマホで使えるさまざまなアプリに精通し、活用できているイメージがある。その一方で、意外にもそれ以外のコミュニケーションについては、苦手意識があるようだ。

　たとえば、初対面の相手と話をするのがとても苦手だという。会話が続くか不安であり、沈黙が怖いそうだ。そして、とても緊張するという。手紙については、まず経験が不足している。年賀状を出した経験は、小学生まで遡らないといけない。生まれて 1 度も、年賀状を出したことがない学生も珍しくない。いざ、手紙を書こうとしても何をどう書いてよいかわからない。そして、手紙を書くことは、何だか恥ずかしいらしい。ネットにしても、「直メールは緊張する」そうだ。彼らからメールで届く文面は、多くが宛名も差出人もない。コメントが 1 行だけ。「わかりました。」「○○で良いと思います。」など、まるで LINE のコメントのようだ。

　このような苦手意識の先に、パーソナル・コミュニケーションを学びたいという声があるのだろうと理解している。

　今回の講義全体で、ネット・メディアについてはあまり扱わなかった。それは、最も読んでほしいと想定しているコミュニケーション初学者の大学生に、今必要なパーソナル・コミュニケーションはネット・メディアではなく、それ以前の当たり前とされた対面や手紙などのコミュニケーションだと考えたからだ。だから、全般的にSNSを多少否定的に捉えながら、対面や手紙などの大切さを強調したきらいのある書き方になっている。その点は、ご理解いただければ幸いである。

　ともあれ、20数年にわたりコミュニケーション学に携わってきた著者としては、目まぐるしい時代の変化に伴うネット・メディアの変化を追うよりも、時代を超えて生き続けているベーシックなメディアの持つ安定した魅力を再評価しつつ、改めてパーソナル・コミュニケーションの中に位置づけし直したいと考えている。

　メディアの長い歴史を眺めてみると、時代とともに人間が利用するメディアは生まれ、増えていった。そして、多様化してきた。興味深い点はここからだが、多様化したメディアで消え去っていくメディアは、ほとんどない。つまり、時代の流れとともにコミュニケーション・メディアは増え続け、その都度メディア全体の中で位置づけが変わるだけである。たとえ利用者が激減しても、限られた範囲でそのメディアは、利用し続けられている。必要とされる場面は、時代状況に応じて必ずあるものだ。

　そのように考えると、ネット時代だからといって、日常生活はすべてネット・メディアによるコミュニケーションに埋め尽くされるわけではない。対面でないといけない場面もあれば、手紙が最も相手の心に響くときもあるだろう。

　メディアが多様化している時代だからこそ大切なことは、メディア特性を見極めることであり、場面に応じて必要なメディアを選び出し活用できることだ。それができれば、多様化が豊かさとして生かされ、多様なコミュニケーションにより人間関係も豊かになっていくだろう。

　最近、アナログ・レコードが一部の愛好家によって復活しているという。昭

和歌謡のカセット・テープも人気らしい。また、コロナ禍の中、文通が再び脚光をあびていると耳にすることがある。このような最近の風潮を単なるノスタルジーだと片づけたがる人もいるが、アナログ・レコードの愛好家や文通びとが、ネット・メディアを放棄しているわけではない。彼らは、そのメディア特性を見極めながら活用し、自ら工夫しながら生活を豊かにしているだけなのだ。

　本書は、テキストまたは講義資料をイメージして執筆してきた。論文のように、たくさんの引用や参考文献を並べてはいないが、利用してくださる教員それぞれが、適宜補足資料やワークシートなどを加えながら、講義としての完成度を高めていただければ幸いである。

　もちろん、独学用テキストとして読んでいただいても構わない。著者としては、パーソナル・コミュニケーションへの理解者が、少しでも増えていくことを願っている。

　なお、本書は勤務校である相模女子大学の学術図書刊行助成費の多大なご協力により出版の運びとなった。さいごに謝意を表したいと思う。

2022 年　冬至の頃

著　　者

著者略歴

宮田　穣（みやた　みのる）

相模女子大学　人間社会学部　社会マネジメント学科　教授
1959年金沢市生まれ。1983年一橋大学社会学部卒業後、大手印刷会
社、教育出版社で、マーケティング・編集・調査・研究・広報など多
様なキャリアを蓄積。仕事の傍ら、1999年東京経済大学大学院コミュ
ニケーション学研究科に社会人入学。研究を重ね、2004年博士課
程修了、博士号取得（コミュニケーション学、日本で第1号）。2006
年民間企業から大学に仕事の場を移し、本格的に研究活動を開始。
現在に至る。
専門は、コーポレートコミュニケーション、企業の社会的責任、NPO
論、企業広報、行政広報、組織内コミュニケーション論、ソーシャル
コミュニケーション論など、コミュニケーション全般。
著書は、『文通びと』（2021日本橋出版）、『組織に効くコミュニケー
ション』『昭和30年代に学ぶコミュニケーション』『ソーシャルメデ
ィアの罠』（2015〜2017いずれも彩流社）、『協働広報の時代』（2012
萌書房）、『サステナブル時代のコミュニケーション戦略』（2005同友
館）。その他、共著、論文など多数。

コミュニケーション・レッスン
〜はじめてのパーソナル・コミュニケーション講座〜

2023年6月1日　初版第1刷発行

著　者　宮　田　　穣

発行者　木　村　慎　也

・定価はカバーに表示　　　印刷　日本ハイコム／製本　川島製本

発行所　株式会社　北樹出版
〒153-0061　東京都目黒区中目黒 1-2-6　（03）3715-1525（代表）